焦慮，請慢用

輸了還跟你說謝謝，說服對手的7堂課

陳侯勳（談判大叔）著

有「人」的地方就要談判

看這本書，你脖子會有點酸，那一定是頻頻點頭造成的。我的腦海裡一直出現與對手在談判場合中的自己，當然，還有侯勳，就站在自己背後，詳細拆解每個步驟，讓自己彷彿生出另一個分身；而透過這個分身，以退為進，表面看似輸，但骨子裡其實是大贏，這眞是談判的最高境界！

尤其身為律師，辦理許多離婚案件，更是能體會當中的精髓。有一句話說「有人的地方就有江湖」。但我覺得其實應該是說「有人的地方就要談判」。例如打離婚官司可能全贏嗎？那可不行，畢竟若孩子、財產通通歸你，看似大獲全勝，但輸的一方若心有不甘，離婚後保證肯定會想方設法地惡整對方，包括探視孩子故意不遵守時間、……（請容許我保留以免引起仿效）。所以，最理想的境界是，達到離婚當事人想要的目標，同時還要讓對方覺得自己贏了。通常只要把自己不想要的選項丟出來當成自己要的，對方就會搶著要，然後就有很大的機會雙方達成共識，這箇中關竅即在於，很多離婚當事人首要考量的並非自己要什麼，而是不能讓對方得逞，而這就是談判的奧妙之處：必須洞悉人性，才能自然而然地達成目標。

看完本書，收穫滿滿，侯勳不只是談判大叔，也是談判大師。祝福侯勳這本書大賣，我相信這本書的讀者，一定都會是談判的眞正贏家。

蔡志雄—包租公律師

致謝

給堅忍善良的最可愛女人：我的母親

不知從什麼時候開始，
您喜歡買一堆衣服給我穿，
買一堆保健食品給我吃，
叮嚀我一堆電視名嘴不能聽的投資建議，
言語諄諄。

以前的我覺得煩，
您爲什麼看不到我眞正的樣子？
我在我的領域裡，
可說是十萬中選一的存在。

現在的我卻覺得，眞好，
四十多歲的大叔了，
竟還有人，
把我當四歲多的孩子來疼。

其實啊，您一直在用您能想到的最好方式爲我操心著，
那麼，就讓我在您心裡，
當那個永遠沒長大的孩子吧。

您的媳婦常說，
您是最天使的一個人，
永遠有很多愛，
永遠在給愛。

一直到中年，
歲月在心裡刻過了傷，
我才深深明白您的不容易。
直到現在，
您在談起當年的難，
還會有淚在眼眶裡打轉。

今晚，看著您坐在小板凳上，
環抱孫子，
陪著他背九九乘法的背影；
當年的我，
也是這樣被您陪著。

我想謝謝您，
在命運跌宕的那些年，
您沒有讓焦慮改變了愛的樣子；
在我執拗地用父母不理解的方式摸黑前進的那些年，
您也沒有讓失望，侵蝕了對我最後的信任。

如果說，一位母親能夠給孩子最珍貴的禮物是：「在沒有人看好他的低谷，
願意用沒有道理的相信，守住他的最後一口氣。」

謝謝您曾在我最需要的日子裡，
給過我。

寫給我生命中最可愛的女人，
我的母親。

目錄

Chapter 2

說服不是講「道理」，而是講「焦慮」

Chapter 3

安撫自己的焦慮，看穿對手的焦慮

目錄

目錄

Chapter 8

如何讓對手的「憤怒」，對自己有利？

寫在書前

焦慮普拿疼，五分鐘見效

現在的你，焦慮蔓延……
五分鐘後你要敲門進去說服他，
而且絕對不能失敗……

我輸定了……自我預期失敗的地獄！

走投無路的感覺，原來是這樣！

坐在豪華的會客沙發上，再過五分鐘，你要走進眼前大門緊閉的會議室對陳董簡報，這是你第一次來……你看著會議室門上的花紋一遍又一遍，其實腦筋一片空白。

今早出門的時候，女兒撲上來Kiss Bye，說她這學期成績很好，你該帶她去說了兩年的迪士尼了；你笑著說好啊！卻又偷偷盤算著用六福村打發掉能省多少錢？

下一秒，你突然意識到了這樣的自己，心中湧起一股愧疚感……

太太接著跟你低語：「我們該租間大一點的房子了，爸剛中風，靠媽一個人照顧不行，兩個老人家都會垮的。也許還要請個看護……」

你笑著安慰她：「別擔心，我會處理……」一轉身，走下樓梯，你的笑容沒撐住……

你感覺胸口有點悶，又是那種好像有個大難在轉角等你，即將把你耗盡的窒息感……其實你並不知道要怎麼處理，你唯一知道的一件事情是：讓家人覺得你有辦法處理，是身爲男人的責任……

＊　＊　＊　＊　＊

從公事包中抽出資料，看了看，一堆黑的很蒼白的數字絞在一起……不知道從甚麼時候開始，你好像忘了甚麼是滿懷希望的感覺……

其實你早已不再奢求身心的磨損能爲家人帶來多大的改變，你只是努力撐著不讓他們感到失望！

撐著，讓現在這樣稱不上美好，但過得去的小日子，能夠再久一點……

你握了握手中等一下要給陳董的簡報，試著複誦公司發給你們的業務要點，其實一點信心也沒有。

離開公司前，經理特別交代你，今天一定要說服陳董簽約，否則你這個月的業績掛蛋，不但要扣獎金，還要在公司的業務大會上被點名檢討！大會上點名檢討啊～那年終就不用想了，已經遲了三年的升遷，唉～永遠都不用想了……

可是，家裡那麼多地方要用錢，沒有年終一定過不去啊！所以，你告訴自己，今天死磨硬耗一定要讓陳董簽約！但不知爲何，你的胃絞在一起、你的手在發抖、你的臉是冰涼的、你的腦袋空白了……

「陳董這麼難搞，我們的競爭廠牌又這麼強，我眞的有辦法說服他嗎？」此時心底，有個你不想聽清楚的聲音正在說：「今天不會有奇蹟出現，就像過去的三年一樣……」

就在這時，客户的祕書將你喚醒：「林先生，我們董事長請你進去。」

「好的，謝謝」你急忙把混亂的資料塞回公事包內，起身拉了拉西裝，快速的走向會議室的門，呼吸急促……

行進間，你忍不住想起經理在今天的晨會上，要你上台接受檢討時的批評：「你啊！連公司產品都介紹不清楚！難怪客户都不買單……你這樣不行啊！……都幾歲的大叔了，會不會說話啊？」記得當時，你在眾人的哄笑聲中僵在講台上，只能一邊傻笑，一邊用經理教的，抽象到你摸不透的邏輯來修改你的產品講稿，一遍又一遍……

「產品介紹、產品介紹、產品介紹」你不斷提醒自己。

「陳董好，張總好，羅副總好……」你一一問候場內的客户高管，卻發現陳董的臉色很難看，其他高管也是一臉凝重，似乎剛剛結束的那場會議是個不太愉快的會議……

「糟糕！運氣怎麼這麼差？！」

「陳董剛罵完人心情一定超差的，這樣怎麼可能簽約？！」

「回去一定會被經理在檢討會議上罵……馬的眞丟臉……」

「年終沒有了怎麼辦？沒辦法接老爸老媽一起住了……」

「迪士尼眞的去不了了，女兒會怎麼看我這個爸爸？……」你的手一邊抖著一邊拿出資料發給陳董，想到家人的處境，你的焦慮漫延……

＊　＊　＊　＊　＊

照著公司訓練的業務SOP，你終於完成了簡報，還特別多花了兩倍的時間在產品介紹的環節……過程中，陳董一直面無表情，所以你又在結尾部分，第三次重點提醒你們公司的產品優勢。

提案結束後，陳董的特助告訴你他們會討論你的提案，過一陣子會給你回覆，並禮貌地請你離開……

你走出客户公司的大門，抬頭看了看陰陰的天，鬆了一口氣，卻高興不起來；失敗經驗豐富的你，其實心裡明白，從客户剛才的反應來看，陳董是不會跟你簽約的，「果然沒有奇蹟出現……」

你在公司附近的咖啡店待了很久很久，呆呆地看著隔壁桌的大學生邊打鬧邊K書……羨慕著他們稱不上煩惱的煩惱，現在的你，不想回去……！

低頭看了看手錶，知道若不參加晚間會議，明天會被釘得更慘，但你現在，真的不想回去……

手機滑到女兒的照片……可能是遺傳到你吧！女兒有嚴重的「上台恐懼症」。當其他小朋友都快樂的上台說故事的時候，只有她在旁邊哭著不上台，即使老師好說歹說，女兒就是不上台……

記得你曾鼓勵女兒：「寶貝啊，上台很簡單啊！妳只要慢慢說、慢慢說就好啦！」

「你看好多小朋友都想聽你說故事耶，大家都會爲你拍拍手喔！」

「你看把拔都不怕耶，小寶貝也不用怕喔～」

你盡可能讓陽光灑在臉上，用燦爛的笑容想讓女兒相信，沒有任何事情是她做不到的。彷彿，你只要一直這樣對她笑著，她的世界就會和你的，不一樣！

如果女兒看到自己在公司的樣子，會不會很失望啊？那個被經理嘲弄、被同事看輕、開會時被站著當眾檢討、在講台上縮著脖子只會傻笑的，本來應該是個英雄的爸爸，原來只是這樣……

其實你原本想讓她看到另外一種人生的，但不知怎麼搞的，不知不覺中，這輩子好像就註定是這樣了……

你心知肚明，這麼焦慮一定會失敗！

你，辛苦了……

還有妳，妳也辛苦了……

我們生活在一個上班族被強烈擠壓的年代，每個人都過得不容易。但現在，讓我們先把時間倒流，回到你進會議室前的時間點，專心爲你贏下眼前的勝利。

其實現在的你，離勝利，只差了一個「焦慮」的距離。

但現在，對，請看著我！我要你認眞聽我說，我要你，給自己一分鐘的喘息時間！等一下，我們會再用四分鐘的時間來解決你的問題。

請注意！千萬不要跳過這一分鐘，因你必須用這一分鐘把自己的焦慮清空，把你因爲焦慮而爆走的思緒停下來：如果你帶著自己的焦慮走進會議室，你不但無法影響對手，還會被對手操弄。即使你的對手沒有刻意使用你的焦慮來影響你，你的焦慮也會讓你無法產生任何說服力。因爲，當你被自己的焦慮塞滿時，你所有的語言和行爲，都會不知不覺的，只爲了呼應自己的焦慮而發，而忽略了對方的心理需要。就像前面故事裡的「你」，因爲過度擔心自己在簡報中的「產品介紹」環節做得不好，所以特別重複了三次。但問題是，直到簡報結束，「你」仍然不清楚客戶方（陳董&經營團隊）眞正的焦慮是甚麼，所以也就無法針對客戶方的焦慮提供具有吸引力的回應。

其實每一種「焦慮」，就是一門「外語」；讀懂一個人的焦慮，就學會了他內心世界的語言。

我們啊！其實常常說著同一種語言，卻不是同一國的，聽不懂彼此的焦慮。

過年眞是一個最好理解這個概念的時間點，因爲你會和很多說著同一種語言，但卻聽不懂彼此焦慮的親戚們見面。

還記得那年你32歲了，竟敢還單身，是不是被一群長輩瘋狂逼婚啊？！終於你結婚了，接著又被逼問甚麼時候生孩子？生了一個，又被繼續逼生兩個。如果你傻傻地跟長輩們說你不想生，因爲你不知道你適不適合養小孩？嘿嘿嘿！那個過年你就慘囉！你會從除夕被罵到初五，婆公輩們會排隊對你曉以大義，有的還會以你父母之名嚴厲警告你！

因爲，當你最大的焦慮是「自己的人生何去何從」時，長輩們最大的焦慮是「沒有人傳宗接代」。這個時候，**不論你怎麼解釋你的道理，他們都聽不懂**。雖然你和長輩們講的都是中文，但因爲你們最大的焦慮不同，所以**你們無法理解彼此的情感，以及彼此的生存之道**，以至於你們雙方都會有格格不入的窒息感。但如果你有機會跟一個年紀相近的日本人、韓國人或德國人溝通，反而可能會有強大的共鳴；即使語言不通，但比手畫腳還是能聊得很開心，因爲此時你們心中最大的焦慮都是「自己的人生」。

這個道理，在你和你的客戶或談判對手身上，一樣適用！所以請你務必注意，在走上任何重要的談判桌或溝通舞台前，請先清空自己的焦慮。如此你才能空出你的感官，準備好「下載」對方的焦慮，以便你能說出對方聽得懂的語言。

當你清空完了自己的焦慮後，你會不知不覺變得更堅強、更容易堅定自己的信念；你說話的語氣會變得更篤定、眼神會清明，你會更不畏懼和對手做眼神的交流。

有趣的是，從外人的角度看來，你會開始散發出一種淡淡的專家質感或領袖魅力，你也會因此變得更容易被尊敬、更容易讓人重視你的意見。如果你不相信，可以把自己清空焦慮前、後說話的樣子錄影下來比較看看。當然實務上這樣也許還不夠，如果你要說服一個主觀意識很強的人，你還必須**遙控他的焦慮**。關於這個主題，我們將會在這本書的後面，爲你詳細展開各項遙控對手焦慮的技術。而現在，讓我們先給你一個速成的、濃縮成六個重點的「說服力懶人包」，協助你快速清空焦慮，以便說服眼前這個不能失敗的重要客戶。

第一個重點，其實很簡單，但上戰場前的人都很容易忘記。我要你知道─其實，「你可以失敗」！請你看著鏡子，對著自己說：「你可以抬頭挺胸地失敗」！

我要你知道❶——你可以「失敗」！

只要可以「抬頭挺胸」接受失敗，你便能夠快速放鬆，停止心裡的雜音，做回原本的你，湧現力量。

「**害怕失敗**」，是弱化我們能力最大的心魔。幾乎所有的心理制約和障礙，都源自於「**害怕失敗**」。你以為你的心思放在「**追求完美**」上，但其實這只是「**自我鞭笞**」，這樣的鞭笞會讓你從靈魂深處緊繃，反而離完美越來越遠。你一直告訴自己不要害怕，但沒有用！你的手不自覺地一直抖著，心跳得好快，整個人又慌又虛，因為過去的經驗沒辦法讓你知道，該怎麼樣，才不會失敗。你站在名為失敗的懸崖邊，用盡力氣不讓自己掉下去，所以你早就沒有餘力觀察對手，你被自己會掉下去的焦慮塞滿了，完全看不到對手的焦慮，甚至有時候，你連自己的焦慮，都看不清楚。

焦慮是甚麼？

焦慮常常以一種「責備自己的聲音」之形式出現。

有時，它會是你的自問自答：「我做不到，我……我……我……我眞的做不到！」

「如果他還是不答應…，我該怎麼辦？」

「難道我就是個 loser 嗎？……」

有時，它會化身成某個權威人士，不斷地鞭笞你的自尊：

「你怎麼會這麼爛？！」

「爲什麼你會是我兒子？！」

「你眞的沒希望了……」

「連後輩都比你強，你怎麼混的？！」

當你腦袋裡一直充斥著這種聲音，腦中還不斷回閃著過去幾個難堪的片段，你的能力和感染力就被這些片段這些聲音掐住了，動彈不得。此時的你，只能不斷地自我預期實現，陷在負面循環的狀態裡。

你，陷入了用「預期失敗」來製造失敗的死循環。

此時，你變得不像你自己，你連正常發揮都有問題了，何況是面對你全力以赴都未必能解決的難題。所以，在一切的一切開始之前，你必續把自己拉出這個「註定失敗」的死循環。請你對自己說：「你可以失敗」

「你，可以抬頭挺胸地失敗」！

很弔詭，告訴自己「可以失敗」，竟然夠讓自己跳脫註定失敗的死循環？原因其實很簡單，從小我們被教導要努力向上、克服困難，得第一名。其實這些積極字眼的背後，也在暗示我們「不能失敗」。長久背負著這樣的暗示，給我們往前衝刺、不斷進步的動力；但這絕不能後退、停滯、甚或摔倒的壓力，也變成我們往前奔跑時沉重的負荷。

當你被「不能失敗」的潛設定逼到死角，覺得自己走投無路時，繼續抓著「不能失敗」的設定，只會讓你壓力爆表，從身體僵硬到靈魂深處。你還會逆向產生「你其實會失敗」的心理暗示，而當你用盡力氣對抗著「你其實會失敗」的心理暗示，你就無法釋放你的心神，產生扭轉乾坤的力量。

「你可以失敗」就是你上談判桌前要告訴自己的第一句話，聽起來很簡單。卻是安撫心魔，讓自己思慮澄清的第一步。

還記得嗎？前面我們提過，焦慮其實是一種外語。要能聆聽對方的焦慮才能跟對方的焦慮對話。然而要能進下心來聆聽對方的焦慮的第一步，一定是自己的心安靜了，把焦慮的雜音停止了。

當你告訴自己：「你可以失敗！」這句神奇的魔咒，能讓無處安放的思緒都找到自己的位置，你的力量，就會涓流成河地湧現出來。

感覺到了吧！當你明白了你有選擇，你有失敗的空間，「你可以抬頭挺胸的失敗」，你就能快速的放鬆，快速的停止心理的雜音，做

說服對手前，我要你知道

1. 你可以失敗！
2. 你可以拒絕他！
3. 你可以主動離開！
4. 這次見面的重點不是「說話」，而是「讓他說話」……
5. 在談判中段一個「次要議題」上，反對他的觀點
6. 這次見面的目的不是「說服他」，而是製造他的「成就感」……

回原本的你。當你神智回復、力量湧現，反而容易停止你失敗的心理預期。

當然，面對眼前的挑戰，也許這樣還不夠，但別擔心，接下來這五件簡單的事，只要你照著做，你就會看到一個充滿影響力的自己。

如此一來，完成任務自然也就是水到渠成的事情了。

我要你知道❷——你可以「拒絕他」！

一再地妥協只會讓你逐漸失去「存在感」；唯有適時提出拒絕，你才有機會重新拿回主導權，再次坐上談判桌。

當你意識到自己有「拒絕對方的權利」，你將快速地拉平你心中和對方的心理位階差距。你的恐懼會減少，心中大量的雜音會消失，你將更容易放鬆；而這些內心秩序的平靜將有助於你進入自己的「心流」狀態。你可能有過這樣的經驗，當你很享受很放鬆的做一件很需要專注的事情，也許是一場演講、一場比賽或是一場盛大的表演時，你感覺到你和現場所有的人都有了連結；你可以感受到他們的感受，思維著他們的思維。

這時候的你，充滿著能量，你感覺到自己魅力四射，自己無所畏懼；你感覺到自己和天地萬物間有著同樣的脈動，你的自信被大地母親飽滿著。此時，你在你獨有的「心流」裡，你進入了你的Zone。這時候的你，在別人眼中，變的巨大。你充滿著感動、充滿著深刻的影響力；他們會不自覺的想要聽你說、想要看你的眼神，甚至想要被你說服。

不要懷疑，這個Zone，每個人都有，只要你知道你可以拒絕對方，你就有能力，把對方帶進你的Zone。更重要的是，很多人以爲「拒絕」是不禮貌的、是會破壞溝通的行爲，但其實，在面對位高權重的溝通對象時，「拒絕」有時反而容易有正面的效果。

事實上，談判老手都知道，若你想要說服一個位高權重，主觀很強的大老闆，你應該在溝通中，主動尋找一個小事件，給他一個「拒絕」或「糾正」。你會發現，當你

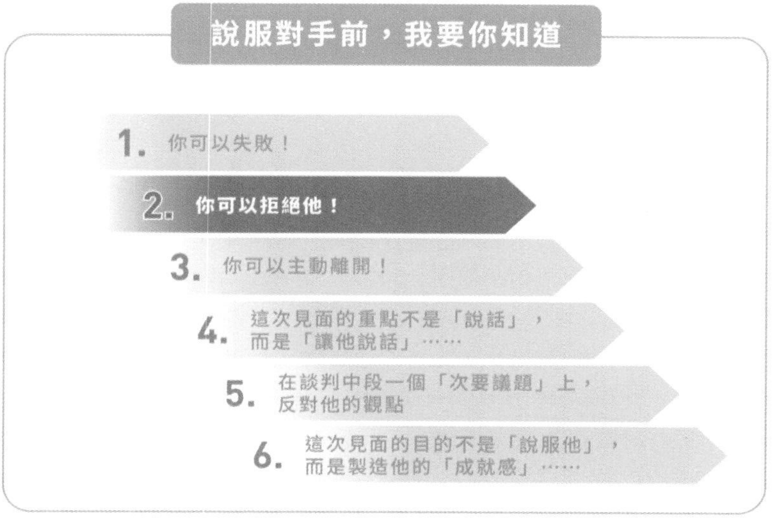
說服對手前，我要你知道
1. 你可以失敗！
2. 你可以拒絕他！
3. 你可以主動離開！
4. 這次見面的重點不是「說話」，而是「讓他說話」……
5. 在談判中段一個「次要議題」上，反對他的觀點
6. 這次見面的目的不是「說服他」，而是製造他的「成就感」……

丟出了這個拒絕或糾正，大老闆的注意力會瞬間提高，他們會專心的聽你說拒絕他們的理由，甚至開始不自覺的認爲，你是個有能力有主見的專業人士。因爲在大老闆的世界裡，周圍的人很容易因爲他們的權力和影響力，而有意無意地調整自己的意見，去遷就大老闆的喜好。故大老闆的生活裡，總是充滿著Yes！

弔詭的是，若你對一個人始終只有Yes，你在他心中，會逐漸失去存在感，而「**失去存在感**」這件事情，會讓你**無法說服他**。所以，當你想說服一個大老闆時，除了應該做好你份內的專業準備外，你在溝通初期，也應該使用「小拒絕」或「小糾正」，來打下說服大老闆的第一個小地基。

因此，說服對方的第二把鑰匙，就是讓自己知道：其實，你可以拒絕他。

我要你知道❸——你可以「主動離開」……

談判不會因你的離開而結束，高手往往懂得利用「離開」來建立談判優勢，強化自己在對方心中的影響力。

「**離開**」是「拒絕」的衆多方式裡，最有力量的一種。因爲，它是用「行爲語言」，而非「語言」的方式，來表達你的拒絕。談判老手都知道，在談判中，面對一個對你尙未建立信任感的對象時，若想說服他，使用「行爲語言」的效果遠高於使用「語言」。而又因爲「離開」是最終極的拒絕，故當你意識到你有權利可以主動離開某個對象時，在此刻的溝通場景中，你跟他的力量才會達到平衡。原本的你，會不自覺的落入「**你很重要，我拜託你聽我說**」的心理暗示，這個心理暗示對你非常不利，因爲對方也會被你暗示。而一旦你意識到你可以主動離開，你將把這個心理暗示扭轉過來，變成「**我有價値，你有權力不聽，而我也有權力不說**」。

這種心理的底層暗示，是讓你的靈魂不卑不亢的起點，也是讓你產生說服力的眞正源頭。

在許多名校流的談判理論裡，都不敢使用「離開」這個動作，因他們擔心談判機會將就此被自己摧毀，這些理論會建議你耗在現場，努力挖掘對方的需求，並尋求雙方的 BATNA（Best Alternative to a Negotioated Agreement 最佳替代方案）。

但實務中，對手的「心理需求」不是固定的，常常是一組「不斷變動的情緒變數」，會因你的行爲語言而改變，只是你通常不自知。當你在談判中露出過多的「捨不得」，例如「捨不得離開」、「捨不得他這個交易對象」、「捨不得這次的交易機會」，

說服對手前，我要你知道

1. 你可以失敗！
2. 你可以拒絕他！
3. **你可以主動離開！**
4. 這次見面的重點不是「說話」，而是「讓他說話」……
5. 在談判中段一個「次要議題」上，反對他的觀點
6. 這次見面的目的不是「說服他」，而是製造他的「成就感」……

你反而會在不自覺中，把對手的心理位階抬的越來越高，以至於他們在談判中願意給出的籌碼越來越少，導致最後你根本無法成交。

你因爲**不敢離開**，而把一個原本有利可圖的交易機會，弱化成了雞肋。其實，談判不會因爲你離開而結束，你離去的背影正在對對方心裡說著話。所以，老手們都很擅長用「離開」來建立自己的談判優勢，以及在對方心中的影響力。

請記得，能離開的關係才是平等的關係，能離開的談判桌，才是你有能力改變結果的談判桌！

「你的行為語言」影響著「對手的心理需求」

對手的心理需求，是一組不斷變動的變數，因你的行為語言而改變

重點不是「說話」，而是讓對方說話並且一再重複……

許多談判或溝通領域的新手，最常陷入的一個誤區就是：「說太多」。太急著想讓對方聽到你全部的重點，彷彿只要聽到這些重點，對手就會被你說服。

才怪！

除了事先早已被行銷資訊說服而主動來找你的對象，**沒有人會因爲你一直說話而被說服**。事實上，若你和你的對手是第一次接觸，你要做的事是「**讓他說**」，而非「對他說」。因爲你接下來能用來讓對方首肯，完成一筆交易的線索，都來自對方的表達；即使有時，對方因談判攻防的原因，不願意坦承告訴你眞實訊息，你都能從他「語言」和「行

說服對手前，我要你知道

1. 你可以失敗！
2. 你可以拒絕他！
3. 你可以主動離開！
4. 這次見面的重點不是「說話」，而是「讓他說話」……
5. 在談判中段一個「次要議題」上，反對他的觀點
6. 這次見面的目的不是「說服他」，而是製造他的「成就感」……

爲語言」中的不一致，推斷出他眞正的想法。

請記得，見面的初期，請盡可能，讓你的對手，**盡情地說**。

再者，說服一個人，「用道理征服他」常常是最笨的方法，且容易讓對方產生心理抗性，導致反效果。反之，讓對方覺得「你懂他」、「你跟他是同一類人」，往往會產生一種英雄所見略同的共鳴感，而增加他接受你意見的可能性。

那你要如何讓對方產生「你懂他」、「你跟他是同一類人」的共鳴感呢？直接告訴他「我懂你」、

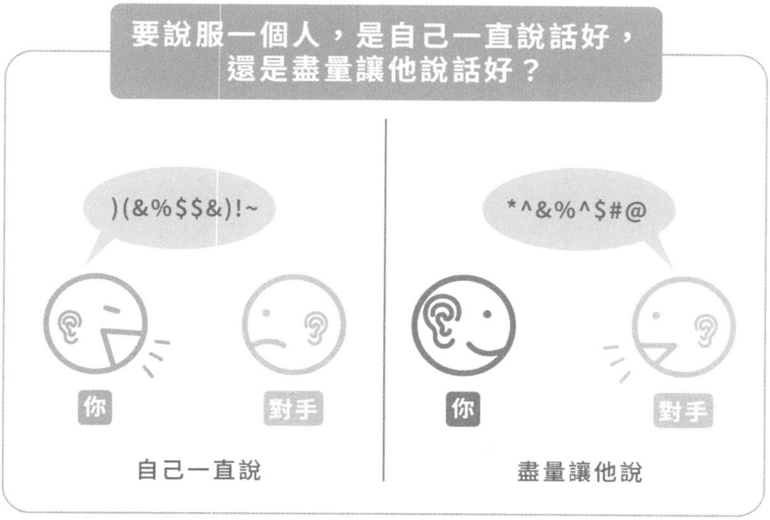

「我跟你一樣」，常常是最無效的方法，有時甚至會讓對方覺得唐突，或你懷疑有強烈的目的性。你應該使用「**重複對方的話**」、「**換句話說對方的話**」這種方式，來讓對方「間接地」察覺你對對方的認同。

這種間接地察覺，因爲你是被動的一方，對方是主動察覺的那一方，故「你懂他」的感覺，就能對方心中「自然的產生」。這有助於讓對方在心裡，開始準備在接下來無縫採納你的建議。

在談話中段選擇一個「次要議題」，藉此反對他的觀點

談判高手很少選擇「談判前段」就反對的原因是：容易造成一種「你不好合作」的印象。

沒有一個強者，會被一個只會唯唯諾諾，只會同意自己觀點的人說服。在對手的社會地位、心理位階都比你高的狀態下，你的唯唯諾諾或「不斷同意」，只會造成對方快速產生一種「你能力不足」的刻板印象。而一個強者是很難被一個自己認為能力不足的人說服，去改變初衷做出新的決定，故一旦你陷入這種刻板印象中，短期內你將無力回天。

那怎麼辦呢？你要如何在一次見面中建立對方對自己能力的信心呢？

其中一個有效的辦法是：**找一個次要議題，反對他的觀點**。還記得前面說的嗎？談判前你要知道「你可以**拒絕他**」，一樣的道理，無論他多麼功成名就，「你可以**反對他**」。而反對的時間點，大約是「**談判中段**」，也就是雙方已過了寒暄、初步介紹項目、人員的階段，開始正式討論議題了。

談判老手很少選擇「談判前段」就反對的原因是：容易造成一種「你不好合作」的印象。只有一種例外，你應該選擇前段就反對。那就是當對方根本「不尊重你」、「不專心聽你說話」時，你就要提早把「**反對**」丟出來。

另外，老手不選擇「談判後段」才反對的原因是，效果通常來的太遲，也太差。一般而言，當你丟出反對後，對方的注意力會重新被你凝聚起來，**你接下來說的話的「份量感」，在對方心中會提高一小段時間**。但是在談判後段，你的主要

說服對手前，我要你知道

1. 你可以失敗！
2. 你可以拒絕他！
3. 你可以主動離開！
4. 這次見面的重點不是「說話」，而是「讓他說話」……
5. **在談判中段一個「次要議題」上，反對他的觀點**
6. 這次見面的目的不是「說服他」，而是製造他的「成就感」……

內容早已說完，且對方也準備要結束會議，心思早就跑到下一個行程，故此時你再如何反對，都無法產生期待中的效果。

提醒一下，當你在「反對」時，你的態度要禮貌，但不卑不亢；不需要謹小慎微，但也不用決絕激昂。因爲態度越激昂，越容易擦槍走火觸怒對方。你只要溫和但堅定地看著對方，陳述自己的意見就像陳述「地球是圓的」的事實一樣，對方就會被你點燃好奇心。只要接下來你的回答不要太離譜，對方就有可能對你產生一種「你有能力」的印象。

說服驚嘆號

1. 焦慮是一門他人內心世界的「外語」，聽懂了，它便可以告訴你許多事情。你不僅要聽懂它，更要學會遙控它。
2. 在學會它人的「外語」前，你要先清空自己的焦慮，以便下載對手的焦慮。
3. 先拒絕，再被對手說服某個次要條件，能讓你塑造他的「成就感」，你就離成交不遠了。

目標不是「說服他」，而是讓他產生「成就感」

「先拒絕對方，再被對方說服某個條件」。當你讓自己越難被說服，說服你就會變成一件越有成就感的事。

最後一個重點，請記得，讓對手在一次面談中產生「成就感」，會讓他很喜歡這次面談中的自己，越回想越驕傲，越驕傲越回想。他會不自覺地想回味這份成就感，所以會想再見你一面。而等到下一次見面，你又讓他產生新的「成就感」，這個循環就會自動開啓，「被你說服」也就成爲一個水到渠成的結果了。

那要如何塑造對手的「成就感」？

拍馬屁是沒有用的，把自己位置放很低更是不利我方的，而稱讚對方和對方的公司效果也一般。因爲這些事，有太多人在做，而你面前這位陳董早就聽煩了。

談判老手會用一種方式塑造對方的成就感，那就是「**先拒絕對方，再被對方說服某個條件**」。當你讓自己越難被說服，說服你就會變成一件越有成就感的事。就像遊戲公司設計的遊戲之所以會讓人上癮，就是因爲事先埋下了各種恰到好處的難度，讓玩家一一克服，在克服的瞬間，成就感逐步噴發，讓人越玩越想玩。

你要在這次面談前，**預設幾個次要的交易條件**，可以拿來「**先拒絕，再被困難地說服**」，如此就會讓對手大大滿足，尤其如果對手是在他的員工們面前，完成這項說服你的挑戰，這個成就感又會飆升數倍。有時，這個成就感甚至會超過這筆交易本身的客觀價值；而此時，你在對手的心中的形象，還會像用了美顏濾鏡一樣，變得美好。

但請記得，在你被對方說服之前，一定先「拒絕」，如此，你的「被說服」才會產生價值，也才會在對方心中留下印記。當然，選擇在哪件事情上被說服，就很重要。你的主要底線一定要守住，對方一碰觸，你就要禮貌但毫不猶豫地拒絕。但你可以思考幾件可以讓步的次要條件，讓對手說服。這些次要條件千萬不要臨場思考，要在你推開會議室大門走上談判桌之前就決定好。

因爲老手都知道，談判要避免「邊談判邊思考」，所以「思考」是在上談判桌前就要做好的工作，**談判中你要做的事只有一件，就是「給反應」**。

若你在談判中才開始思考什麼條件可以讓？甚麼條件不能讓？你的反應「節

奏」勢必是錯的，你會撩撥起對手心中，對你不利的感受。至於什麼是正確的「節奏」，我們會在後面的技術篇告訴你。即使是對你完全不重要的次要條件，你都要在談判前思考，怎麼讓？分幾步？每一步讓多少？如此，你才能在對手心中塑造出你想要他產生的成就感。

最後我要**恭喜你，你已經打敗了八成的競爭對手，即將結案。**

只要你在上場前為你自己做好心理建設，知道自己「**可以失敗**」，「**可以拒絕他**」，「**可以主動離開**」，你就能關掉心中焦慮的聲音，全神

說服對手前，我要你知道

1. 你可以失敗！
2. 你可以拒絕他！
3. 你可以主動離開！
4. 這次見面的重點不是「說話」，而是「讓他說話」……
5. 在談判中段一個「次要議題」上，反對他的觀點
6. **這次見面的目的不是「說服他」，而是製造他的「成就感」……**

貫注地進入你的 Zone，把你對對方的影響力開到最大。

接著，當你落實「**讓他說話，並重複他說的話**」，和「**在一件次要議題上反對他的觀點**」，以及「**先拒絕，再被他說服某個次要條件**」這三項簡單的原則，你就能大幅提高他想和你再見一次面，甚至想跟你立刻簽約的意願。至於在下一次談判桌上相遇，該如何結案，我們將在後面的章節爲你逐步接露實戰的技術。

接下來，我們要正式進入談判老手的說服力核心，而第一堂課，你要知道，說服力不是「講道理」，而是「講焦慮」，理解了這一層，你將看到一個完全不同的世界，在這個世界裡，你充滿力量。

談判宣言

若你不願意跟我一起認眞宣示，請你闔上這本書

過去，我都會要求我輔導的客戶和學生，在正式開始上課之前，跟我做一次談判宣言。而因這本書，亦將介紹一些實戰中威力驚人的談判與說服力技術，故我想邀請你，在開始閱讀之前，和我一起進行這份談判宣言。

若你不願意進行這個環節，請你闔上這本書，謝謝。

【談判宣言】

1. 談判進行時，雖然可以誤導對方，但一切都需要在遵守法律前提下；任何可能觸法的灰色地帶，我們堅決反對。

2. 課程中所教之「談判」&「說服力」的技術是威力強大的工具，可以用之爲善，亦可以用之爲惡。如有任何學員挾此技術惡意傷害無辜群衆，經查證後，大叔將率領談判大叔法律顧問團隊，免費替受害者提供談判與法律諮詢服務。

3. 當合約簽訂後，學員應以「保護合約」&「遵守契約精神」爲信念，忠實地執行權利與義務。

若你同意以上三點談判宣言，那歡迎各位和我一起來探索《焦慮，請慢用》這本書的迷人之處。

我們將用最簡單速效的方式，讓你擁有當代談判老手的驚人說服力！

2022.10.09 台北

Chapter
2

{說服力的第一堂課}

說服不是講「道理」，而是講「焦慮」

一旦說服了對方的「焦慮」，
他就會自己找到道理，說服自己！

連另一半都不願聽你講道理，陌生人怎麼可能就範?!

很多人認為，增強說服力的重點，是加強自己的邏輯力和表達能力，簡單來說，就是要增強自己「講道理的能力」。殊不知，「講道理」有時是最糟糕的溝通方式，它會讓意見分歧的雙方，在道理講不通時，把「講道理」升級成「辯論」，再把「辯論」升級成「對立」。

實務上，「講道理」常常只會變成「**高級的吵架**」，不信你想想你的生活經驗就知道了。

你跟你的老婆或老公講道理，他們一定會聽嗎？你跟你的父母或孩子講道理，他們一定會聽嗎？看到這邊，我相信你應該正在一邊笑一邊搖頭吧！想想，若連我們最親的家人，跟他們講道理，他們都不一定聽；那你跟一個陌生人，一個沒有信任基礎，甚至你們還正在爭奪同一塊利益的人講道理，他們會聽嗎？

當然不會！

你說「大叔你也太武斷了吧！我明明就遇過很講道理，一說就同意的人啊！」

的確，有時你會遇到很好溝通的人，但這個人之所以在那個時間點、那次討論聽你的話，不是因爲你很會講道理，而是因爲，他在上談判桌前，早就想要跟你或你的公司交易了。你提的條件，剛好跟他最大的焦慮點，不謀而合，換句話說，你恰好滿足了他的最主要利益。

你運氣很好，剛好碰上了一個我稱之爲「天作之合」的談判對象。在這種「天作之合」的談判局裡，對方此時此刻需要你的程度，通常**大於你需要他的程度**。換句話說，他心中「害怕失去你」的焦慮，**大於**你「害怕失去他」的焦慮，所以你在談判中會自然地產生一種游刃有餘的感覺，你的要求也很容易被對方接受。

若你是財星五百大公司的高階主管，在面對小供應商老闆的時候，比較容易遇到「天作之合」的談判局。在上談判桌前，小供應商就會天然地想要同意你的條件，想要對你讓步。因他的目的通常不是在你身上賺錢，而是晉身你的供應鏈名單，以此，他可以拿著這個「我是一〇一大樓合作的營造廠」、「我是台積電合作的供應商」等 Title，去從其他談判對象身上賺更多錢。

有時他甚至願意在你這張談判桌上賠錢，都要同意你的條件，只是他不會直接了當地告訴你，因他會擔心你不珍惜，擔心你對他予取予求。

他還是會跟你談判，還是會表現得很爲難很痛苦，但其實心中早已準備好，這局要輸給你。接著，再到其他九十九張談判桌上，把錢雙倍地賺回來。

當然，這種「天作之合」的好事不會天天發生，當財星五百大公司的高階主管們彼此在談判桌相遇時，或你和你的談判對手彼此需要的程度差不多時，講道理沒有用。更何況，若你處於**絕對弱勢**，你需要對方的程度**遠大於**對方需要你的

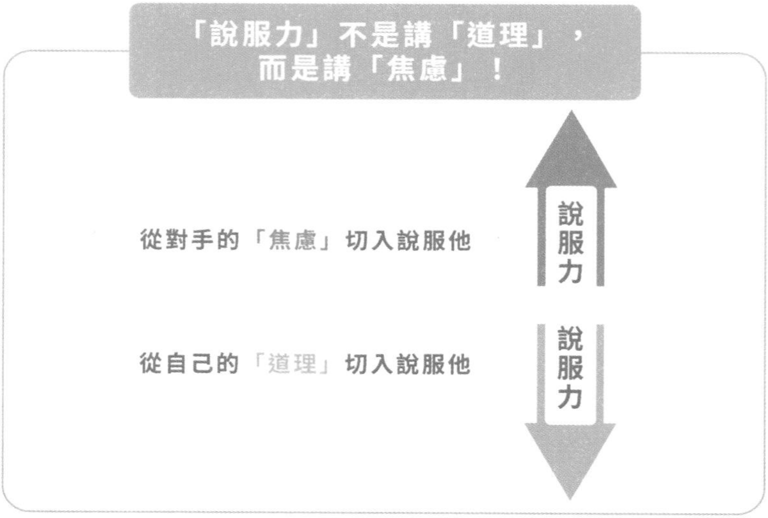
「說服力」不是講「道理」，
而是講「焦慮」！
從對手的「焦慮」切入說服他
說服力
從自己的「道理」切入說服他
說服力

程度時，你道理講得再慷慨激昂，都沒有用。可惜的是，生活中有八成的談判場景不是「天作之合」，所以你必須要學會**如何在弱勢或絕對弱勢時，讓對方最終同意你的條件**。那麼，**處在絕對弱勢的時候**，如果不用**「講道理」的方式**，我們要如何說服對手？

此時，你要跟對手，**「講焦慮」**。

在對方認定的「道理」裡，沒有你！

人之所以難溝通，不是因爲對方不講理，而是對方的道理裡面沒有你！眞實世界裡，你很難遇到純然的壞人，事實上，欺負你的，多半都是「不得已的好人」。芸芸衆生的好人們，爲生活所逼、爲公司所逼、爲薪水所逼、爲家人所逼、爲夢想所逼，必須優先站在他們的「小我圈圈」裡，捍衛小我的正義和利益。

在這個「小我圈圈」裡，人們只會說著小我的道理，伸張小我的正義；若你不在對方的「小我圈圈」裡，你的道理，他們聽不進去，你的正義，他們沒有興趣。

看清楚了，欺負你的，很少是純粹的邪惡，更多的是「別人的小我正義」。

那我們該怎麼辦？不講道理，難道要任別人欺負嗎？

不，當然不是！你要停止講你的道理，同時，讓他講他的道理，而且講得越多越好。你的重點不是在聽他講的**小我道理**，或接受他的**小我正義**，你要從他說的話裡，被動地找出他的焦慮。人一旦開始講話，在講完場面話之後，只要有好聽衆，就會不自覺的講出自己**最得意**、**最在乎**、**最擔心**的事，停不下來。而最得意、最在乎、最擔心的事背後，極可能藏著他此時此刻最大的焦慮。接著，你就可以用他「最大的焦慮」反攻；表面上看起來，他一直在用他的強勢輾壓你，說服你同意他要求的條件；但事實上，**是你在用他最大的焦慮，引導他，自動說出你要的條件**。

結局的落點早就在你安排裡，對方毫無察覺；你用你的爲難妝點對手的勝利，當對手覺得他是勝利者的同時，你心裡知道，你也是。

眞的做得到嗎？當然可以，我們在本書的後半部「技術篇」會教你各種使用對手「焦慮」的技術，若你已經是談判老手，對於「使用焦慮」早有深刻的認識，可以直接跳到第五章。

若你對此還不熟悉，請慢慢地讓我用前面四章，爲你打開一個關於「焦慮」的全新世界。

請記住一句話：

當你站在「被說服者」的位置上，你的說服力就開始從「有形」升級成「無形」。

而一切的起點，都是「聽」，而不是「說」。

若你因競爭對立的憤怒，只顧著向對手吶喊自己的道理，你是聽不見他內心深處的焦慮的。這就是爲什麼在經典電影《教父》中，教父 Vito 一再對他寄予厚望的兒子叮嚀著："Never hate your enemies, it affects your judgement."（不要恨你的敵人，那會讓你的判斷出錯。）因此，不要再用「善惡」去看待和自己對立的人，要用「別人的正義」去理解對方，如此你才能釐清，如何使用對手的焦慮去影響對方。不然你將永遠只能以一個受害者的角色登場，望眼欲穿地期待某個不知是否存在的第三方出面，爲你主持公道。

不要再抱怨這個世界上沒有好人，不要再抱怨這個世界欺善怕惡，不要再抱怨這個世界沒有正義，只要你懂得如何解讀別人的小我正義，如何納別人的焦慮爲己用，你就能保護自己和家人。

「焦慮」才是全人類共通的語言

「焦慮」對一個人眞有那麼大的影響力嗎？來來來……，現在請你回想你最普通的一天是怎麼過的。

每天早上起床，你腦袋通常在轉甚麼念頭？是……，

「哇！今天天氣眞好，陽光灑在窗台上，我好幸福喔！」

「我還健康，還有工作耶」

「我生了一個好可愛的孩子，我的家庭好和樂喔！」

還是，

「糟糕，睡得有點晚了，等一下晨會會不會遲到？」

「萬一塞車，我會不會遲到？」

「等一下老闆會不會點我上台報告？」

「今天要先去拜訪哪個客戶？陳董會不會簽約啊？」

「月底了，這個業績還差好多喔，怎麼辦？老闆今天會不會把我叫進辦公室

罵？」

「孩子今天學我可能來不及接，老師好像有事要跟我溝通，會不會孩子又闖禍了……」

老實說，你腦袋中的念頭是不是多數是後者的焦慮？當然，前者那些溫暖的念頭偶爾也會出現，但是人類爲了生存，會把大部分的腦力都拿來**應付不確定的危險**，所以我們大腦對於**還沒發生的「不確定事件」**的重視度，遠高於**已經發生的「確定的幸福」**。

說個人類學家之間流傳的笑話：很久以前，有兩群猴子，一群活在當下，一群沒辦法活當下。懂得活在當下的那群猴子，只要找到今天的晚餐了，就會一心一意地開心地享受今天的晚餐，非常快樂。而沒辦法活在當下的一群猴子，總是很焦慮。即使找到今天的晚餐了，一邊吃還一邊擔心明天的早餐，所以常常消化不良，活得也很不快樂。

最後，活在當下的那群猴子都死了，而現代的人類，都是另一群焦慮猴子的後代。

這就是爲何身爲現代人的我們，需要常常提醒自己要「活在當下」、要「珍惜眼前的幸福」？因我們的大腦，早就被物競天擇地設定成，容易焦慮「還沒發生的事」，容易忽視「已經擁有的事」。這也是爲何大腦總是驅使我們去做「緊急而不重要的事」，而非「重要但不緊急的事」，因通常前者給予我們當下的「焦慮感」，遠遠強過後者……。

其實近十年來，遊戲產業和網絡媒體產業均對「焦慮」，有著驚人的研究與發展，暢銷書《鉤癮效應》（HOOKED）的作者Nir Eyal所提到最能鉤癮用戶養成消費習慣的大招之一，叫做「變動獎勵」（Variable Reward）。其核心就是不斷地誘發使用者焦慮的一種技術。其他像是FB按讚數、Line的已讀功能，都是用不同角度使用「用戶焦慮」的技術。

簡言之，「焦慮」是大腦的常態，大腦每天都被它最焦慮的那幾件事，占用著最多的CPU。如果你曾仔細記錄你一天所有的小決策和行爲，你會發現，絕大多數都是被「焦慮」驅動的。既然知道了「焦慮」對驅動一個人的行爲有如此大的功效，你在說服一個人的時候，就應該從對方的焦慮開始。你要誘導他說出自己的焦慮，接著用他的焦慮爲主要的語言，與他對話。

如此一來，在這次談話中，你將有效誘發他的共鳴，他會很容易接受你的提議，甚至主動給予你想要的東西。

你將進入一個游刃有餘的世界。

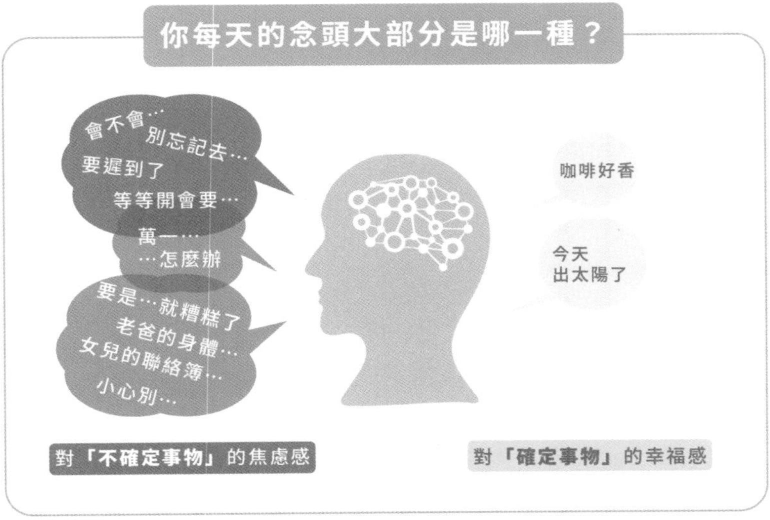
你每天的念頭大部分是哪一種？
會不會…
別忘記去…
要遲到了
等等開會要…
萬一…
…怎麼辦
要是…就糟糕了
老爸的身體…
女兒的聯絡簿…
小心別…
咖啡好香
今天
出太陽了
對「不確定事物」的焦慮感
對「確定事物」的幸福感

停止和對方的理智角力，開始與對手的焦慮對話

停止「講道理」，就是停止和對方的「理智」對話，你也才有機會，和對方的「焦慮」對話。

「理智」其實是一個很脆弱又很會自我欺騙的東西；當「理智」和「情緒」有衝突的時候，『長期而言』，情緒永遠是勝利者，只是你自己沒有察覺。而在「短期」的較量上，即使「理智」暫時佔了上風，但因堅持理智太辛苦了，需要耗費強大的意志力，所以理智會在我們的意識之外，悄悄的向情緒靠近。

最終你的大腦，會為了合理化你的情緒，而產生一個「新的理智」；此時，不但你腦海中「新的理智」和「舊的情緒」水乳交融，再次美好和諧，你還能保有「我確實很理性」的良好感覺。

殊不知，你真正的理智早已被攻陷。

所以，與其花時間，說服對手的「理智」，不如轉而說服對手的「情緒」。

而人的各種情緒裡，最能被影響，也最能立刻產生行動的一種，就是「焦慮」。

因此，我們稱「焦慮」是一個人大腦中，眞正做決策的大 BOSS 也不爲過。

實務中，如果你常常遇到談判好不容易達成共識後，甚至簽約後，你的對手拿各式各樣很扯的理由反悔，例如：老闆不同意啦、老婆不同意啦、祖先擲筊沒過啦、錢不夠啦、他沒想清楚啦、你騙他啦等等，就代表你沒有處理好對手的**「焦慮」**，你讓他簽約完後就後悔了。

此時請你不要追著解決他這些表面原因，因爲你會越追越多，解決完一個又跑出來一個。反之，你

焦慮是大腦真正的大 BOSS

1. 「焦慮」是大腦的常態，大腦每天都被它最焦慮的那幾件事，占用著最多的 CPU。
2. 你一天所有的決策和行為，絕大多數都是被「焦慮」驅動的。
3. 說服一個人的時候，要誘導他說出自己的焦慮，接著用他的焦慮為主要語言和他對話。
4. 人的各種情緒裡，最能被影響，也最能立刻產生行動的一種，就是「焦慮」
5. 因此，我們稱「焦慮」是一個人大腦中，真正做決策的大 BOSS 也不為過。

要回到源頭，解決他最核心的焦慮：「**這場談判，他覺得自己吃虧了**」。而後面的技術篇，我們會教你具體的作法。

既然知道了和對方的「理智」溝通容易失敗，即使暫時成功了，若沒有處理好對手的「焦慮」，你的溝通成果最終還是會被推翻。那還不如一開始就著手和對方大腦中的大BOSS——「焦慮」，展開交流。

你要讓對手，自己說服自己

你說服對方的道理，永遠不會是最好的道理；讓對方自己說服自己的道理，才會是最好的道理。

許多人不但不了解自己爲何談判會失敗，也不了解爲何自己談判會成功！

不知道你有沒有這些經驗？

你是個3C賣場的銷售人員，你推銷一款智慧型手錶給一個年長的客戶，客戶買了，不是因爲他相信你說的：這個產品的心律測量很準。而是因爲他獅子會的朋友，大部分都買這一款，都用這一款在群組裡上傳自己每日慢跑的距離。

你競選某個社團的會長，一個不認識的社友投給你，不是因爲你的政見很吸引他，而是因爲，他非常不喜歡另一個候選人。

你創業了，去和一個上市公司的老總募資……老總投資你了，不是因爲認爲你的商業模式很正確，而是因他們最大的競爭對手，在上個月高調宣布，布局你所在的產業，而老總下週要出席自家董事會簡報……

生活雖然充滿困難，但偶爾也會有美好的誤會降臨。而這些美好的誤會之所以發生，就是因爲你的出現，恰恰好地，用一個特別的角度，塡補了對方的「焦慮點」。因此，只要你洞察了對方的焦慮點，並和你的提案產生連結，他的情緒就會想同意你，接著，他會自己腦補出最恰當的道理來說服他自己，最終接受你的提議。

「讓對手自己說服自己」這個概念很吸引人，那實戰中要怎麼做到呢？

第一個關鍵：讓對手覺得他是贏家

第二個關鍵：行爲語言

完整地說，是用「行爲語言」來「讓對手覺得他是贏家」。

傳統談判理論提倡的「雙贏」概念，在實戰中其實很難用，因爲「雙贏」無法緩解對手的焦慮。當你在談判中說出：「不如我們各讓一步吧！用一千萬成交是個雙贏的結果。」你其實正在用你的「行爲語言」告訴他「一千萬不是你的底線」、「你還有空間」。如果你面對的是談判外行人，他會高興地答應。但若你的對手是有談判經驗的人，他會因爲下意識感覺到你的行爲語言背後帶有這兩個訊息，所以焦慮不會緩解，他的攻擊力也就不會下降。更不要說你面對的若是談判老手，你說這句話根本等同於把底牌掀給他看，你將被一路壓著打。

那要怎麼做呢？

你要「讓對手覺得，自己是贏家」；換句話說，你要使用「他贏」來代替「雙贏」。

當對手覺得他自己是贏家的時候，他的焦慮就會緩解。此時，他腦中會浮現幾個念頭：

「你看起很痛苦！」

「我應該已經把你逼到死角了！」

「我已經把你逼破了你原本的底線……」

「我應該沒辦法再跟你要的更多了！」

「我做的眞好！」

「要趕快回去跟老闆/老婆說，讓他們知道我有多厲害！」

接著，他的攻擊力就會開始下降，你才能把他的心理預期從天空中拉下來，準備落地，落在你事先畫好的那個點上。

所以請記住，「讓對手覺得他是贏家」是最重要的貫串一場談判前中後段的核心思想，我們在本書後半部的「技術篇」會爲你拆解執行步驟。

那爲何要用「行爲語言」來「讓對手覺得他是贏家」？

難道用「語言」不行嗎？

不行！

談判中，「語言」是配角，因爲任何話，你用說的，對手都會懷疑，都會不相信。

事實上，談判新手遭遇的第一個震撼教育就是：「**我連說眞話，對手都不相信！**」

如果你不能解決這個問題，你所有所謂的談判技巧，都無從施展，你所有所謂的談判策略，都只是自我催眠。

有沒有過這樣的經驗？

你跟客戶說，這批貨公司給的底價就是五十萬，無法再低了，客戶認為你說謊，硬是繼續砍價……

你告訴客戶，這次的設計稿，你最快七個工作天才能交稿，客戶硬是要你三天交稿……

你告訴一個剛認識的朋友，某一款保健品很好用，他懷疑你可能在兼職做直銷，但其實你只是自己用了感受很好……

「我連說真話，對方都不相信！」
這批貨老闆給的底價就是50萬，無法再低了
不可能真的告訴我底價，真正的底價一定更低
你
客戶
被強勢客戶瘋狂砍價，無力還手，只好說出真相，但是……

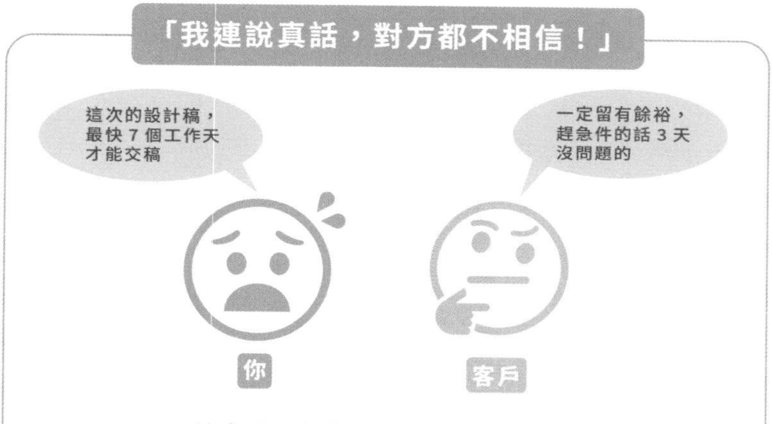
「我連說真話，對方都不相信！」
這次的設計稿，最快 7 個工作天才能交稿
一定留有餘裕，趕急件的話 3 天沒問題的
你
客戶
被客戶凹急件，你努力壓縮工時，報出最短工時，但是……

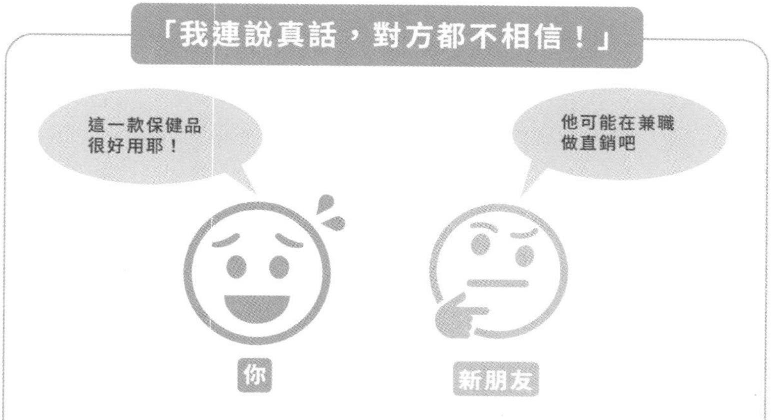
「我連說真話，對方都不相信！」
這一款保健品很好用耶！
他可能在兼職做直銷吧
你
新朋友
用了某款保健品，覺得真的很不錯，熱心分享給朋友，但是……

你告訴一個新客人，公司的新產品很適合他，客人露出了一臉不信任，因他懷疑你是爲了自己要衝業績才對他推銷，但其實你只是根據你的觀察下了判斷……

若你曾有類似的經驗，不要難過，你只是遇到了所有談判新手都會遇到的第一個難題：「**我連說眞話，對手都不相信！**」但如果這個難題沒有被解決，你將失去影響對手的能力，故給你再多的談判籌碼都沒有用，你會把所有的籌碼浪費掉，而換不到等值的東西。

那要怎麼辦？

「我連說真話，對方都不相信！」
這款產品是我評估過最適合你的
八成是為了衝業績的推銷話術吧
你
新客戶
認真了解客戶需求後，給了專業建議，但是……

當你想要在**沒有強大信任感**的前提下說服一個人，對方對你**直接用語言**告訴他的理由肯定**都會存疑**，甚至**產生相反的判斷**。所以你要將你想讓對手相信的訊息，從「語言」轉換成「行爲語言」。讓對手「看到你的行爲」→「解讀你行爲背後的訊息」→「下判斷」→他就會「信其爲眞」。因爲當你把訊息從「語言」轉換成「行爲語言」的形式之後，你傳遞訊息的方式就會**從「有形」升級成「無形」**；**從「主動」升級成「被動」**。當對手得到這個訊息的時候，他會認爲是由他自己「**主動藉由觀察而得到**」，他會比較放心，比較容易相信。

換句話說，套用以上四個案例，你要試著用「行爲語言」傳遞出：

「老闆給的底價就是五十萬，無法再低了！」

「你最快七個工作天才能交稿！」

「這一款保健品眞的很好用！」

「公司的新產品眞的很適合你耶，新客人……」

你的客戶、對手或新朋友，才會快速地相信你想讓他相信的資訊，後面我們會逐步教你怎麼做。但請你先記得一個談判中**傳遞資訊**的準則：「行爲語言」比「語言」有效，「間接說」比「直接說」有效。

以上，就是本章的內容。既然知道了焦慮是大腦眞正做決定的大BOSS，高手就會在上談判桌前「安撫」自己的焦慮，上桌後「遙控」對手的焦慮。我們會在下一章教你如何「安撫」自己的焦慮，而在安撫的同時，因爲人性的共通性，你也將學會如何看穿對手的焦慮。

說服驚嘆號

傳遞資訊的準則就是：「行為語言」比「語言」有效，「間接說」比「直接說」有效。

Chapter 3

{說服力的第二堂課}

安撫自己的焦慮，看穿對手的焦慮

在對手眼裡，你沒有你想像中的渺小，
他沒有你想像中的巨大……。

焦慮是公平的，你和對手都有……

因工作的關係，參與了破千場談判後，我發現了一個很特別的現象：人容易在談判中小看了自己。而這個心理狀態，可能就像戀愛中，決定向戀人告白前的階段吧？

焦慮讓你小看了自己，放大了對手；所幸對手也是

有人說：「曖昧讓人受盡委屈……」，之所以讓你委屈，是因爲你渴望對方的愛，但不確定對方是否會一樣地回應你？

這個階段，對方任何一個微不足道的小動作、小情緒，都會讓你的心情起伏不定。

「今天坐在她身邊的男生是誰？」

「這個男的一說話她就在笑，她是不是對他有好感？」

「爲什麼他和她坐這麼近？」

「他們昨晚是不是單獨出去吃飯了？」

「他們好像在聊電影，該不會要一起去看吧？」

你的心情跟著對方七上八下，對方的每個表情都讓你忍不住細細分析，你腦補著你自己最害怕的劇情，不知不覺，你的心理位階，就在你內心小劇場不斷上演著愛情懸疑劇的過程中，嚴重坍塌。

在這段關係中，渴望「她愛你」或「他愛你」的焦慮，會讓你的自尊變得渺小，讓對方的重要性變的巨大。所以，你感覺自己越來越無力，一路被牽著走。

想得卻不可得，你奈人生何。

談判其實也是，當你很渴望完成交易，甚至正在擔心若失去了這個交易對象，你會找不到更好的機會時，你將不自覺地焦慮，不自覺地放大去解讀對方的一舉一動。你的焦慮讓你更容易放棄堅持、更容易過度讓步，弔詭的是，當你棄守的越快、讓步的越多，你反而更留不下你的對手。因爲你在互動的過程裡，不自覺的將這份焦慮用你的行爲語言傳遞給對方了。當他感受到了「**你擔心失去他**」的焦慮，他心中「**擔心失去你**」的焦慮就會減少。

即使他是個好人，他也會不自覺地越來越有恃無恐，姿態越來越高。某個時間點，他會開始認定，你應該拿更多的籌碼來換他的條件才對。

從你身上，他被暗示，原來他自己有更高的價值，他值得更多的籌碼來換。
發現沒有？無形之中，你用你的焦慮撩撥了他的心理預期，讓他從一個普通的對手，變身成難纏的對手。只因你沒有處理好你的焦慮就上桌了，所以你渺小了你自己，巨大了你的對手。所幸，同樣的心理軌跡，也會發生在對手身上，而且雙方的焦慮必定「此消彼漲」。要嘛「你的焦慮上升，他的焦慮下降」，要嘛「你的焦慮下降，他的焦慮上升」。
你若能夠控制自己的焦慮，就已經踏出成功的第一步了。

焦慮蠶食自尊，削弱自信，崩解說服力；所幸對手也是

永遠不要以卑微的姿態乞求對方的同意，永遠不要讓你的自尊跪下，因爲自尊就是「說服力」的力量來源，而在談判中最能瓦解自尊的，就是「焦慮」。
當你腦中塞滿了你自己的焦慮，你整個人是浮躁的、衝動的。你心裡有幾個聲音一直在打架；你變得搖擺不定、朝令夕改，你失去了那份讓你安坐心中，榮辱不

你和對手的焦慮，
就像玩翹翹板，此消彼漲

你若能控制自己的焦慮，就邁出談判成功的第一步。

驚的力量。

所以你的自尊會開始墜落，心裡會有一個恐懼的聲音跳出來，告訴你：「你說服不了他」；而對方的直覺也會察覺到你自尊的消退，他心裡的聲音會告訴他：不聽你的要求沒關係，只要他強勢一點，你反而會屈服於他。

一旦你的自尊掉下來了，你在他心中的心理位階就掉下來了。當你在一個人心中的心理位階越低，你對他的影響力也就越低。

至此，你的聲音徹底失去了力量。

有學員曾經問，難道不能訴求對方的同情心或惻隱之心，來讓對方同意你嗎？告訴你幾個談判桌上關於「惻隱之心」的殘酷事實：**惻隱之心只能讓人「微調」立場，很難讓人『改變』立場**。談判對手因為心中有強烈的戒心，這份戒心會制約了惻隱之心發展的程度，故你**卑微的姿態很難引發對手想要調整立場的念頭**，即使調整了，調整的程度在你眼中看來仍然是杯水車薪。

對第三方的旁觀者而言，「惻隱之心」產生的效果，遠大於作用在對手身上。

你談判對手心中的心防會制約他對你的惻隱之心，但非處於談判桌上的第三方因心防水準較低，反而較容易被你引出惻隱之心。若你的談判，主要是談給第三方看，你想用明修棧道暗度陳倉的方式，間接地說服第三方，那你用卑微的低姿態會產生效果；但若談判說服的對象就是你的對手，效果就會很差。

所以通常「惻隱之心」的戰術，比較適用於「公關」的場景，而非「談判」的場景。

低姿態戰術，將會傷害你下一次談判的說服力。

當你爲了誘發對手的惻隱之心，而使用低姿態戰術，即使幸運的成功了，它仍會有嚴重的後遺症。

若日後你還要再次和這次的對手進行談判，**你將失去正面說服他的能力**，因爲你在他心中的心理位階，在採用低姿態的同時，已經跌到谷底。故不論你表現得多好，你

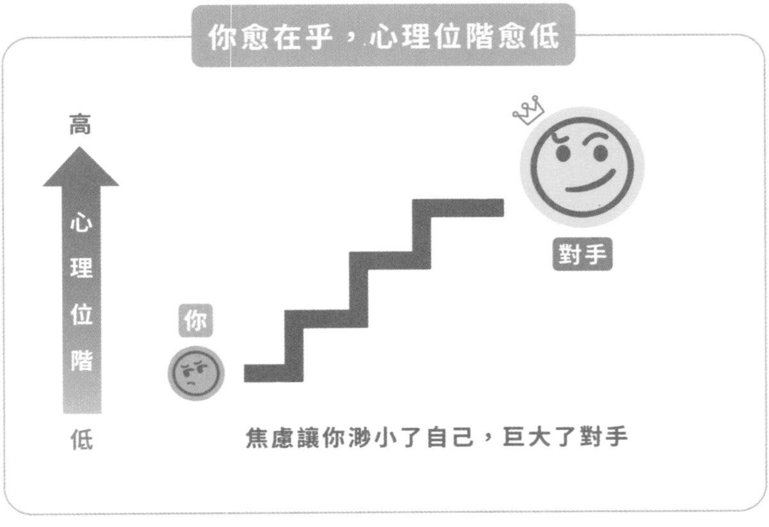
你愈在乎，心理位階愈低
高
心理位階
低
你
對手
焦慮讓你渺小了自己，巨大了對手

都很難再正面的說服他了。

所以你要讓自己，變成一座山。

你要管理好自己的焦慮，讓自己變成一座山。

若你沒有管理好你的焦慮，你仍然可以說著某些道理，但你的道理無法讓對手認定為眞，你也就無法影響他的焦慮，當然，也就更無法改變他的決定。所幸，你的對手也會有一樣的問題，所以在上談判桌前，請你把自己整理好，我們在本章後面，會教你高手上談判桌前整理好自己的技術，讓自己變成一座山的技術。

當你把自己整理的比對手更好，你就會靜靜地散發出一種難以撼動的氣勢，會讓對手不自覺地想同意你的看法。

請記得，你的說服力來自於你穩定的自尊。

焦慮讓你在對手眼中失去力量與敬畏，導致立場不穩；

所幸對手也是

談判中，你之所以會焦慮會恐懼，是因爲你無法窮盡對手的一切資訊，也無法算準他所有的想法。也因此，你無法判斷，最終，他是否會做出你想要的決定。

嚴格來說，就是因爲有這麼多的不確定性，所以，整個談判過程中，始終有一份患得患失的感覺會翻攪你的內心。談判老手知道如何處理內心這份患得患失的感覺，但一般人很容易被這份患得患失牽著鼻子走。

你因這份患得患失，不知不覺會對對手產生一份敬畏之心。

「敬畏之心」是種在談判對手之間必定呈現此消彼長的心理狀態。當你對對手的敬畏之心增加，對手對你的敬畏之心必定下降；反之，當你對對手的敬畏之心下降，對手也會不自覺地升起對你的敬畏之心。你對對手的這份敬畏心的源頭，其實不是來自他本身，而是來自於這個當下，他是否願意滿足你需求的「不確定性」。

「他會不會下單，讓我能回公司不被老闆罵？」

「他會不會簽約，讓我能趕快賣掉房子，有資金可以周轉？」

「他願不願意借錢給我，讓我能付員工這個月的薪水？」

若你一直沒有處理這份「不確定性」就貿然上桌，你不但會喪失所有的說服力，你的行為語言還會暴露出你「底虛」的事實，這將進一步撩撥起對手的攻擊欲望。即使他是一個好人，他背後也有很多壓力，促使他用更強的火力攻擊你，用更強硬的態度，要求你要給更多。所以上談判桌前，你要優先處理這份「不確定性」。

既然你知道「不確定性」對你內心有強大的影響力，也就代表你的對手也會被影響。「不確定性」像根釘子，談判老手擅長用「不確定性」的技術把貪婪的對手釘在原地，忘了跟你要求更多。

我會在第六章教大家怎麼使用。

焦慮讓你面對未知，瞬間腦補出最害怕的劇情，惡夢成真；所幸對手也是

焦慮一旦開始奔跑，就會完全停不下來，往你最害怕的方向跑去。它就像一個瘋狂的八點檔編劇，一旦開始工作，就會展開各種你最害怕的劇情。這種劇情在旁人眼中就算極度荒謬，但你很容易深信不疑，且越怕越信。

弔詭的是，當你越焦慮某種劇情，你的行爲語言就會透露出某種**負面壓力**，讓周圍的人越來越想糾正你、逃離你、或是對抗你。

有時，你的行爲語言也可能相反的產生某種**負面吸力**，讓旁人越來越想欺負你、挖你的肉、喝你的血，但同時，他們也會不自覺地合理化佔你便宜的行爲，即使是好人也會。

沒辦法，這是幽微的人性，爲了生存所產生的自然反應。以致於你最後，終於自我預期實現，悲劇性地得當你最害怕的結果。此時若有一個上帝視角，祂會眼睜睜的看著你最恐懼的劇情，因你的行爲語言對衆人的暗示，而成眞。

你可能見過，甚至親身經歷：

望子成龍的父母，把小孩逼得蹺家蹺學。

太擔心失去另一半的情人，在關係中患得患失，最終導致分手。

太想成交的業務，把客戶逼得太緊，以致辛苦經營的客戶，轉身和一個剛認識的業務成交。

太想贏得比賽的選手，因面臨不能失敗的風險，發揮失常，最後輸給了十拿九穩的對手。

這些令人失望的結果，常常源於我們心中不受控的焦慮；而面對不能失敗的事、面對不能失去的人，焦慮一旦開始，就會迅猛的擴大與延伸。此時，除非你狠絕的做出你原本捨不得的取捨，你將無法快速抽離焦慮的影響。若你在談判桌上看透了敵我的焦慮，與伴隨而來的行爲語言，你就不會被劇本困住。反之，你會安撫自己，降低焦慮。你會停止錯誤的行爲語言，以停止發出對你自己不利的暗示。你將會展現正確的行爲語言，發出正確訊息，塑造對手正確的心理預期。

更精彩的是，你會「留白」，讓對手展露完整的行爲語言；你會「等待」，讓對手自行腦補出他最擔心的劇本；最後，他會不自覺的往你靠近。

你的對手，因你入戲，

而你，不再是劇本中的受害者，

你自己，就是決定命運的編劇。

直視心中最想逃避的事物，並遙控對手的焦慮
——高手寡言卻能說服別人的秘密

既然知道焦慮會讓人失控，讓人變得脆弱，讓人不自覺地讓步，我們就要思考如何修補自己的焦慮，讓自己不被對手的壓力影響。

緊接著，你還會進一步遙控對手的焦慮，用本書後半部教的談判技術，塑造出「讓對手覺得他是贏家」的情境收尾。最終，對手將笑著離開談判桌，你則微笑在心裡。

我們在此先教你如何「**修補自己的焦慮**」。

「修補自己焦慮」聽起來很抽象，做起來的確也不容易。因爲這件事要有效果，第一個要求就是：「你必須直面你心中**最想逃避的人事物**」。既然是最想逃避，那必定是這個人事物給了你，你無法負荷的壓力，所以你第一時間就想逃。無奈，談判中造成你最大焦慮的致命傷，通常藏在你的自尊背後，藏在這個你最想逃避的人事物背後。你必須不斷忍住讓你煩躁想逃的衝動，安靜下來理清楚。

這個致命傷會像個洋蔥一樣，一層包著一層，最核心的一層埋著你最大的負面情緒和某個人事物的回憶。你要一層一層剝開它。通常剝到第五層，就能夠看到源頭。

記得，一場談判中，你最想逃避的問題內的第五層，藏著你**最致命的弱點**。你的弱點會在對手施壓（例如生氣）時顯露，並誘發對手進一步的攻擊欲望。

當你最致命的弱點被對手持續攻擊下，你的自尊會出現裂痕，還會誘發出對手**新的、對你更不利的心理預期**，至此，局面比談之前更糟。

所以你要好好剝開它，一層一層地整理它。

下面簡單示範一個談判老手如何在上場前修補他心中最深層的焦慮，在上談判桌前讓它癒合。你要用**帶有「情緒」的「問題」**來引導自己，一層一層沉進去問題的核心。**「情緒」會帶來深度；「問題」會帶來方向**。沒有「情緒」的問題，只能停在表面；沒有「問題」的情緒，就會失去方向。你要冷靜下來，這樣問自己：

問題（1），這場談判，有哪個**人／事／物**，是我一想到就會壓力很大，很想逃避的？

問題（2），一想到這個**人**／**事**／**物**，我立刻感受到的情緒是甚麼（憤怒／無助／恐懼／羞恥）？

問題（3），請爲這個**情緒的強烈程度**打分數（1至5分）？

問題（4），聽你的**「自尊」**正在用這麼強烈的**情緒**說甚麼？

把它**寫下來，不要組織、越亂越好**的寫下來，如果想在紙上罵髒話就盡情地罵，直到爽快爲止。此時你的紙上應該**寫滿著混亂的字句或髒話**，可能如下：

「馬的，爲什麼陳董這麼難搞？價格壓這麼低，付款條件還這麼爛⋯老闆聽到一定又要罵我⋯」

「X！爲什麼老闆特別討厭我？」

「XXX，這次陳董的案子若沒簽約，老闆這次升遷一定是升Chris，不是升我？」

「馬的！Chris這小子比我晚進公司，爬得比我還快XXX。」

「馬的！這次再不簽約，不但升遷無望，年終大概也拿不了多少⋯⋯老婆又會念⋯」

「馬的！老婆一直唸，一直唸，一直唸……是瞧不起我喔？」

「X！不爽就離啊！只會唸，只會唸……」

這些情緒化的文字，不但是很好的宣洩，裡面重複最多次或情緒最強烈的人，更是你傷口癒合的關鍵。若可以，選擇一個重複最多次，或情緒最強烈的人，和他約個正式不被打擾的時間談一談。告訴他，你和他的溝通之間，有個障礙，正在影響你和對手陳董的這次談判。請他協助你克服這個障礙。

例如你選了老闆深談，你可以這麼說：

「老闆，我想要這次的升遷……請問陳董這個案子我要完成到甚麼程度，老闆覺得我可以得到升遷機會？」

「……老闆，我希望可以簽約，但能否給我一個底線……？萬一陳董暫時因條款問題而不簽，我做到甚麼程度可以是老闆可以接受的？」

請交流到不能再交流爲止，不論交流的結果如何，你都能夠減少部分焦慮。

萬一不方便深談，就請你繼續下一步，問自己下一個問題。

你可以針對某個**人**所帶給你最強烈的**情緒**，問你的「**自尊**」一個新問題。並讓問題帶著你往內心的下一層沉進去。

以「老闆」這條路線為例，

「為什麼我會對老闆這麼憤怒？」

「好像是因為陳董太難搞了，一般人都搞不定……老闆卻用陳董這個案例的成敗來決定是否升我？」

「為什麼我會對老闆優先升遷 Chris 這麼憤怒？」

「我比 Chris 強，為何不先升遷我？」

「如果老闆最後兩個人都不升，我還會這麼生氣嗎？」

「好像還是會……為什麼？」

「好像是因為，我隱隱約約在擔心，錯過這次升遷，我就錯過最後的升遷年齡段，以後公司就不會再升我了……」

「萬一公司不再升我了，我可以怎麼做？」

「除了陳董這個案子，我還有甚麼表現機會，可以讓老闆升我？」

「萬一公司真的這次不升我了，我有沒有其他選項？」

簡言之，你要讓自己事先想好自己處境的備案，讓自己跳脫「沒有陳董不行」的焦慮。只要你對自己誠實，認眞重複問題（1）至問題（5）的過程五次之後，你會感受到一股很深很深的平靜。接著你會感受到一股很扎實很扎實的篤定，此時，在這張談判桌上，你會變成一座山。即使對手的地位比你高、權勢比你強，你都會給他一種很難撼動的感覺。

你將散發出一種「**本該如此**」的氣勢，你的說服力會暴漲，你也就踏出了成功的第一步，因爲，你修補了你自己的焦慮。

好，介紹完了高手如何修補自己的焦慮之後，我們要來教你，高手如何遙控對手的焦慮。這個題目非常龐大，有十多種技術環環相扣，我們摘錄出幾個讀者容易入門，容易上手使用的技術懶人包，用接下來的第四章到第八章，整整五章的篇幅，爲你揭露談判老手平時不爲人知的實戰技巧。

說服驚嘆號

談判中，你和對手的焦慮彼此消長，你的焦慮越小，他的焦慮就越大；反之亦然。安撫自己的焦慮後，就能遙控對手的焦慮。

Chapter
4

{說服力的第三堂課}

主動挖掘「對方需求」是致命的錯誤

對手的需求是「兔子」，
不要用追的，要讓牠來追你。

過於關注「對方需求」的五大副作用

我們這一堂課要告訴你們，「主動挖掘對方的需求」會削弱你的說服力。對，你沒聽錯！「主動挖掘對方的需求」這個看起來常規且神聖無比的原則，在談判桌上，是一個巨大的錯誤，它將導致你失去說服力，且一路被對手壓著打。

「你要主動挖掘對方的需求」相信是各位過去在商業書籍中，或各個商學院的課堂上聽到，被重複最多次的理論之一。

它已經像是一條商業世界裡的上帝語錄，被鑄寫在各大排行榜的商業聖經裡，不可違背。這也讓大部分的專業經理人在離開校園後，就把這個信條刻在潛意識裡，無時無刻奉行著。但若你曾深入民間，去和那些沒有顯赫學歷，但被迫用談判手腕撐起一間公司的中小企業老闆、批發市場的盤商交手，你會發現，實務中的談判老手，幾乎沒有人在「主動挖掘對方的需求」。

生存的壓力，逼得他們必須在每天的實戰中，把華而不實的招式給磨掉，只留下最關鍵有效的技巧，但「主動挖掘對方的需求」不在其中。

爲什麼？

「主動挖掘對方的需求」在**建立商業模式**的階段，或在**做客戶服務**的階段是對的，但如果拿來在談判協商的時候使用，就大錯特錯。

讓我來解釋給你聽……

副作用❶ 頻頻釋放不利於己的行爲語言

當你在談判時「主動挖掘對方的需求」，它會產生以下**五個副作用**：首先你，會在「主動挖掘對方需求」過程中，展露出一大堆對自

「主動挖掘對方需求」的五大副作用

1. 你會展露出一大推對自己不利的行為語言
2. 對方的需求會變來變去，還會越挖越多
3. 他的衍伸需求常是被你創造出來的，而你卻沒有權限解決
4. 你過早地放棄談判主線上的攻防，過早地「讓步」
5. 讓總公司更難管理第一線談判人員的談判風險

己不利的行為語言。例如：

「你很需要他。」

「你不能沒有他。」

「現在除了他，沒人和你交易。」

「他沒有競爭對手。」

……諸如此類，各種削弱你談判說服力的暗示。即使這些暗示不是真的，對方也將這麼認定。所以隨著「主動挖掘對方需求」的過程越久，你會發現，你的「堅持」他越來越不買單，你的「拒絕」他越來越不放在眼裡。而你為了「主動挖掘對方需求」展現的各種行為，等於直接把自己的底牌掀給對方看、直接把自己的弱點送到對方眼前，還要懇請他不要利用這些弱點對你施壓，高抬貴手。

怎麼可能！？

若你遇到的是談判外行人，也許不懂解讀這些行為語言；但若你遇到的是有經驗的老手，他絕對不會放過宰你的機會，他會立刻提升他的攻擊力，跟你要求比他原本期待更多的籌碼。

你無法怪他，他只是一個認眞工作的好人，在盡自己身爲談判代表的本分，爲他的公司和團隊爭取更多的利益。你應該回頭檢討你自己，是你用「主動挖掘對方需求」的行爲語言撩撥起他的心理預期和攻擊性，由此，才會把這場談判談得越來越困難。

這就是爲何我們說：「**實務中，多數的談判難題，都是談判代表自己造成的**」。談判代表放出了許多不利於己的行爲語言而不自知；在談判過程中，**一直忙於解決表面問題，同時不斷製造新的核心問題**。談判代表常常親手，把對手的心理預期養成怪獸，再來苦惱如何消滅牠。其實問題的原點，都在自己身上。

所以，你要學會，如何讓自己減少不利的行爲語言，同時增加有利的行爲語言。如何讓自己避免「主動挖掘對方需求」，而讓自己**有機會「被動聽取對方需求」**。

副作用❷ 對方的需求會變來變去，還會越挖越多

第二個「主動挖掘對方需求」的副作用是，你會讓對方的需求一直改變，有時

還會變多。

記住一句話：談判的世界裡，需求不是固定的，需求隨時在改變。

商業書籍裡的理論，常把對手需求當成死的「礦」，固定不變地在那裡靜靜地等你。不但要求你努力地挖「需求的礦」，挖完還要提煉。

這就是為何你翻開名校流的談判書裡，都苦口婆心地要你努力挖出對方的BATNA（Best Alternative to a Negotiated Agreement, 最佳替代方案）、RV（Reservation Value, 保留價格）、ZOPA（Zone of Possible Agreement, 協議空間）等等關於對手需求的資訊。不同學者寫的理論，常常只是名稱不同，其實概念大同小異。彷彿你只要挖到了上面這些東西，你就能在這場談判中拿到你想要的東西。坦白說，若你不是財星五百大公司的層峰主管，這些名校流理論，實戰中效果差強人意。

如果你的談判經驗夠豐富，你就知道，多數這些專有名詞所代表資訊，其實不是「固定的」，而是「變動的」，是一組隨時可能改變的情緒變數，很大程度依據對手當下的情緒而定。而對手的情緒，會嚴重地被你給出的行為語言所牽動。

老手知道，在談判現場，對手的需求是「兔子」，你不能追，越追越跑。萬一追不到，還有可能繁殖變多。你要讓牠來追你，牠才會固定下來，安分地待著，**等待你同意**。

實務裡，我在替客戶解決的談判問題中，有很多表面上看起來是「對手莫名其妙的違約」、「莫名其妙地反悔」、「第三方莫名其妙地跳出來阻攔」等各式各樣的莫名其妙系的問題，其實都是談判中，我方做了太多類似「主動挖掘對方需求」的錯誤行為，拉高了對手的預期，以至於對手原本滿意的條件變得不滿意了。但因他無法理直氣壯地表達自己的善變，所以只好推託各種奇怪的人或奇怪的理由，試圖推翻原本的協議。

有時他甚至還沒想好，自己到底要跟你多要些甚麼東西，才會滿意？這時候，若你忙著追逐這些奇怪的理由跑，只會把自己累死，且撐到最後仍然失去這筆交易。想一想，如果你有做業務的經驗，應該有過這樣的回憶：挖心掏肺服務了一個客戶很久的時間，很認眞地處理他的各種需求，他卻突然轉身跟一個剛認識的業務成交。

其實，這是同樣的道理。

所以請記住，談判中，千萬不要「主動挖掘對方需求」。

副作用❸ 對方的衍伸需求是你自己挖出來的，但你卻無解

傳統的「雙贏」理論，會鼓勵你**主動挖掘我方的次要資源**來和對手交換你想要的東西。這聽起來很美好，但實務上，常面臨一個狀況。

當你不斷從口袋中掏出新東西說服對方接受的時候，你期待對手想的是：「我可以要這個」。但很多時候對手想的卻是：「原來，我還可以要這個」。

談判桌上，許多對手的需求，是被你創造出來的，對手原本沒想到的，都被你點醒了。你原本盤算的是「以次換好」，沒想到最終變成了「以多換少」。此外，這樣做有個附帶的缺點就是：同樣的籌碼，「你主動給」和「對手要了才給」，會產生截然不同的價值感。

因爲「你主動給」的價值感低，「對手要了才給」的價值感高。意味著同樣的籌碼，「你主動給」，能換到的東西較少；「對手要了才給」，能換到的東西較多。

這就是爲何，談判老手有個不成文的經驗法則：**談判中，你親口說出口的條件，都將成爲你終將失去的條件**。因爲雙方的最終協議，很難停在你「你主動給」或「你親口說出口」的條件上，通常你的對手會不滿意於此，他的焦慮會要求他再要更多，故你很容易失去這個條件。另外，談判中「主動挖掘對方需求」還有一個實務上不可行的bug在。那就是，許多需求，你挖出來了，但你**沒有權限解決**。你明明已經用「主動挖掘對方需求」撩撥了對手的期待，讓對手有了新的

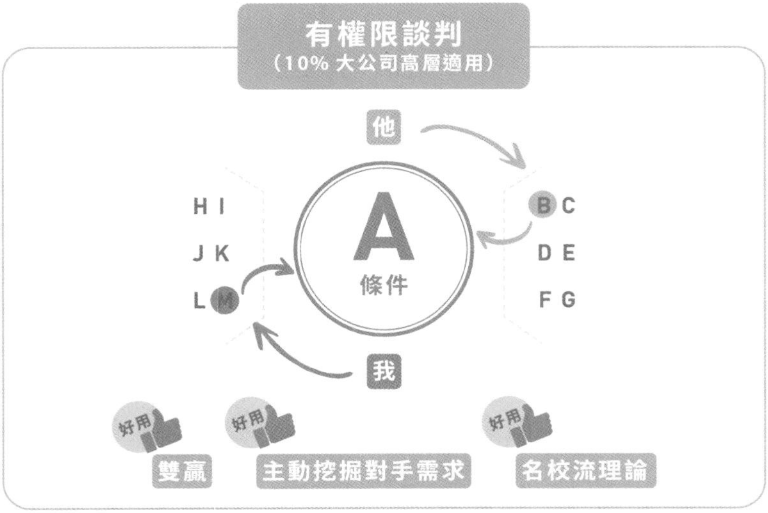

需求，可你卻無力解決。

常見的囧境如下……

多數的經理人沒有權限更改公司的政策，讓客戶用「更長的付款條件」、「更特殊的產品規格」、「更特殊的製程」、「更短的生產時間」、「修改合約範本」等和常規操作不同的條件，去換取成交的機會。

而你想像中的談判是（見上一頁圖）：你和對手談判A條件，你們僵持著。此時你挖掘到你對手的B資源是我方可以接受的，而你又挖掘到，對手對我方的M資源有興趣。恰巧，你也有權限拿我方的M資源跟他換，皆大歡喜！

但真實世界的你，談判起來是這樣子（見下一頁圖）……

你跟他談判A條件，你們僵持著。你發現，你沒有權限改變公司政策，無法跟對手要求以B換A；你也沒有權限開放M資源等條件和對手做交換。不要沮喪，其實，很多時候，你的談判對手也面臨一樣的處境，所以他對你挖掘他的潛在需求不會有太大的興趣。

到頭來，你和對手還是只能在只有條件A（例如價格）能談的談判桌上奮戰。

你會發現，若你不是公司的高階主管，而是其餘九成的中低階主管或員工，那「主動挖掘對方需求」這條金科玉律，是無法解決你的問題，幫助你拿到老闆要求的談判結果。

這就是實務中我們觀察到的，市場上最流行的名校流理論，只適用於公司一成的高階主管，而不適用於其餘九成的一般白領的原因之一。因此，與其花心思在挖掘對手需求，不如專心學習如何在「只能談A的談判桌上」，拿到老闆要求的結果。

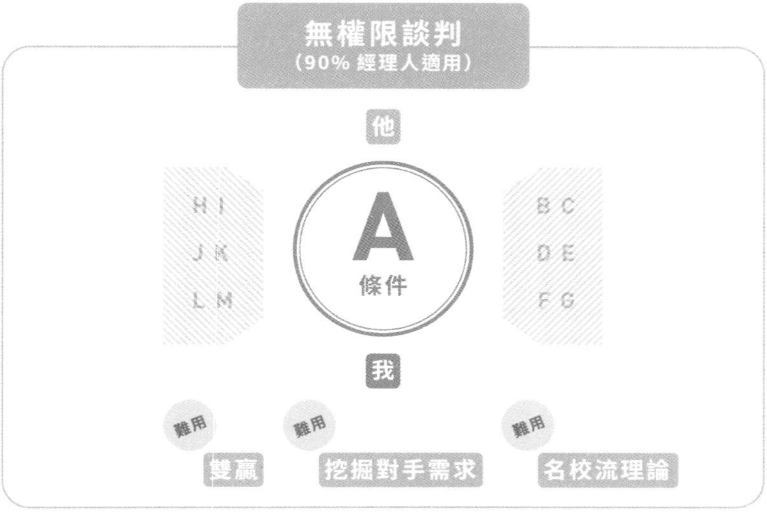

而關於九成白領適用的實戰技術，我會從下一章開始教你。

副作用❹ 太早開始「讓步」，讓你失去原有的優勢

過早放棄談判主線的攻防，過早開始「讓步」動作，你將失去你原本能拿到的對手讓步。

「主動挖掘對方需求」的觀念，還會讓你犯下另一些行為語言的錯誤，例如：你會不自覺地更快放棄「堅持」、你的「攻擊次數」也會變少。具體來說，就是你跟對手「要求主要條件讓步」的次數會變少。更嚴重的是，在防守端，你會不自覺地過早開始「讓步」。雖然你讓的不是「主要條件」，是「次要條件」，但你「過早讓步」的行為語言，會暗示對方：「你好需要他」。當對方接收到這種暗示，本來想「讓一步」看看會發生甚麼事的念頭，就被你打斷了，「先看看你要讓甚麼東西再說」就是他接收到暗示後的第一個想法。

接著你們雙方就會在「你要讓甚麼？」的戰場上拉扯，他腦中「自己讓一步」

的念頭早就消失了。

談判中，「要求對手讓步」是「進攻」，「我方讓步」是「防守」。在一場談判裡，進攻和防守的比例，你起碼要做到二比一。也就是要做到**對手讓步兩次，你才讓步一次**。如此，談判的天秤就容易朝你傾斜，談判的結果也就容易對你有利。所以正確的談判，本來就要不斷地要求對手讓步，哪有反過來自己主動讓步，還打斷對手想要讓步的念頭的做法！？但這卻是我在第一線談判現場，看到許多經理人會犯的錯。

沒辦法，因爲你被一般的談判理

談判中——

- 「要求對手讓步」是「進攻」
- 「我方讓步」是「防守」

在一場談判裡，你起碼要做到——

2 : 1

進攻 防守

要做到對手讓步 2 次，你才讓步 1 次。

論洗腦太久，太常被鼓勵要挖掘對方的 BATNA（最佳替代方案），所以你會不自覺地忘記**在談判主線上**要繼續「要求對手讓步」、繼續「堅持不讓步」。

副作用⑤ 總結上述四點，導致總公司風控能力弱化

如果你仔細觀察，當第一線談判代表使用了「主動挖掘對方需求」的方法後，他們的「成交率」初期會短暫地上升，而每一場談判的「成交代價」也同時上升，爾後，過了一段時間，「成交率」跌回原本的水準，「成交代價」卻無法下降。

但對總公司而言，最棘手的是，在談判過程中，因雙方不斷挖掘 BATNA（最佳替代方案）的原因，談判代表和客戶來向總公司要求「特殊交易條件」的機率就飆高了許多。總公司立刻面臨一個兩難：要「開放」特殊交易條件，還是「不開放」？

但若「開放」，則是否每個客戶都要比照辦理？不然風聲傳出去了，其他談判代表和客戶會反彈。若「全面開放」，這樣公司的經營風險也就飆高了，畢竟最初之所以閉鎖這個談判條件，就是要對其衍生風險做超前管理。打個比方，例如開放

最長客戶付款條件，從六個月拉長到十二個月。客戶和談判代表開心了，但公司的現金流壓力就變大了，黑字倒閉風險增加。更何況，好景仍舊不長，客戶和談判代表開心的時間不會很久，很快會產生「讓步的審美疲勞」的問題。你會發現，新的條件開放後，最多兩年，客戶和業務就會麻痺，客戶將會開始要更多讓步。

於是談判又談不動了，他們將會再一次回總公司要求更好的條件，總公司陷入了一個讓步的惡性循環中。

以上，就是總公司選擇「開放」特殊交易條件，會面臨的各種陷阱。

但是若決定「不開放」，總公司又面臨另一個陷阱。既然不會完整開放談判代表用「特殊交易條件」簽約的權限，當初幹嘛要灌輸談判代表「挖掘對方需求」的觀念呢？

挖到了需求又給不了，反而造成客戶的不滿，也打擊了我方談判代表的士氣。

所以若正在看書的你身為總公司高層，請把「挖掘對方需求」這個思考模式從你們的談判代表身上移除，轉移到其他部門身上。

你還要特別叮嚀他們，談判的時候，不可以「主動挖掘對方需求」。

「需求」的眞面目，就是「焦慮」的總和

如果我們把對手的「需求」拆解，可以具體化成兩個部分：一是「對手認為他可以跟你要到的」，二是「對手眞正需要的」。

基本上，「對手認爲他可以跟你要到的」與「對手眞正需要的」這兩個部分的需求，不論哪個部分沒有拿到，都會引發對手的焦慮。

從以下配圖來看，上層的這塊「對手認爲他可以跟你要到的」需求，是會劇烈浮動的，而且會隨著你給出的行爲語言而改變。通常越資深的談判對手，這塊越大；越資淺的新人，這塊越小。而下層這塊「對手眞正需要的」的需求，相對較穩定，短期內很少劇烈變動。當談判老手的技術施展到極致的時候，有可能做到讓對手壓抑自己的眞實需求，並自己說服自己，接受結果。

但是，通常談判老手追求的，是成交在兩種需求的邊界，最好再多一點點。如此，比較容易塑造「對手是贏家」的感覺，以確保簽約完成後，後續的交易順利。

因爲，當對手覺得「**他是贏家**」時，他就會有保護這筆交易的念頭，自然而然

地，他會減少違約、產品偷工減料、拖延付款等，有意無意的突發狀況。如此，我方也可以避免許多隱藏成本的發生。

總而言之，需求不是固定的，是一組以焦慮爲主，隨時在變化的情緒變數，最後投射在金錢或某個具體的交易條件上。你不要主動挖掘它，你要讓對手自己提出來；你不要主動追它，你要讓它來追你。

對手的心理需求圖

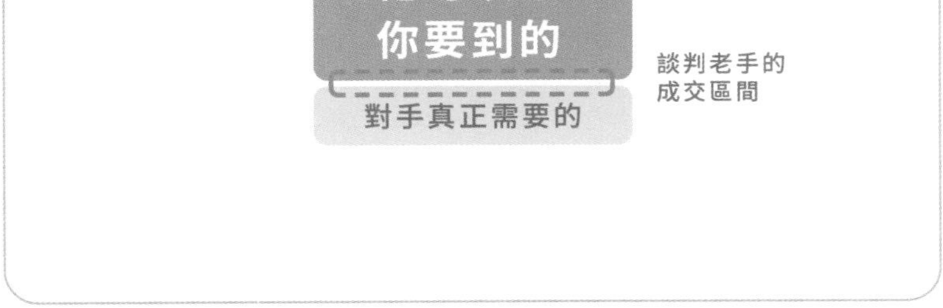

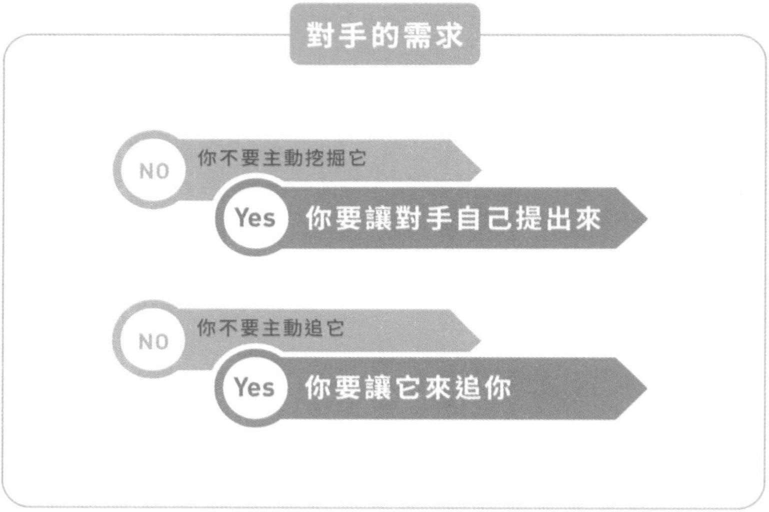

談判老手的拿手絕活：「答應」和「拒絕」

高手通常能將「對方認爲可以跟你要到」的需求空間，壓到最低……而既然對手的需求主要是由兩個部分組成：一塊是「對手認爲他可以跟你要到的」需求，另一塊是「對手眞正需要的」，而前者還會劇烈的變化。

我們是否有辦法控制它？

當然可以！但你必須用對方法。

若你用傳統的「雙贏」系列理

論，能控制的空間就很有限。甚至在挖掘對方BATNA（最佳替代方案）的時候，一不小心，不但不能減少對手的需求，還會反向撩撥對手的需求，讓「對手認爲他可以跟你要到的」需求空間變大。最後，你就得付出極大的籌碼，同時滿足對手的兩種需求。

反之，談判老手會透過各種技術去「壓抑對手的心理預期」和「遙控對手的焦慮」，以此來大幅壓制「對手認爲他可以跟你要到的」的需求空間。這樣一來，就能付出極少的籌碼，在對手需求的底層成

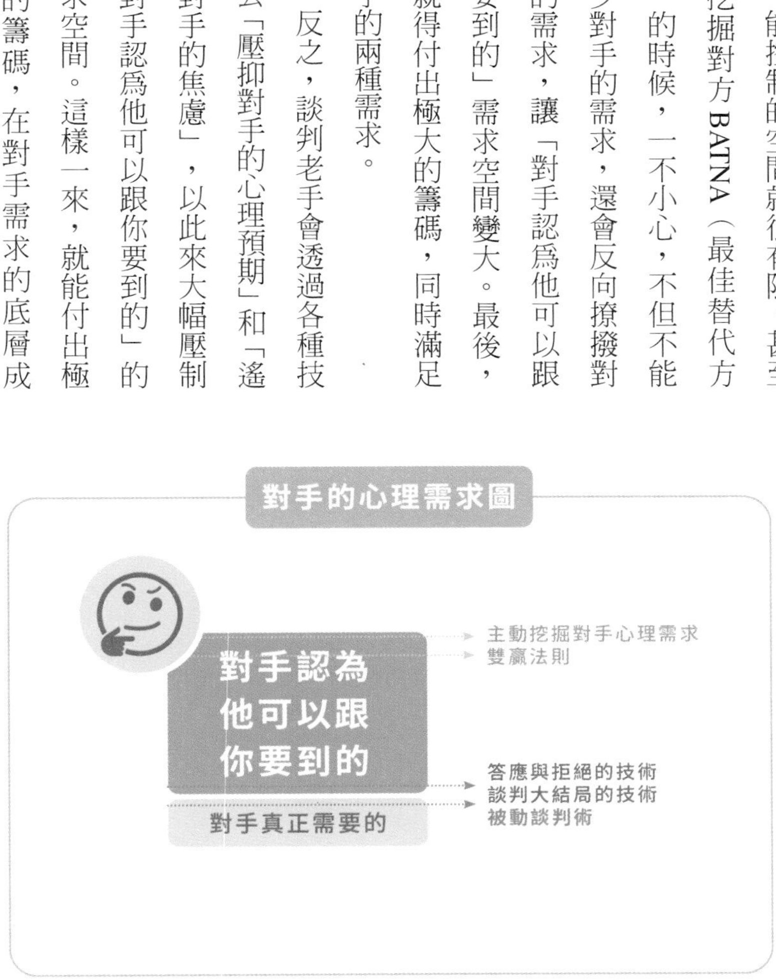

交。而談判老手最擅長使用的技術之一，就是「答應」和「拒絕」。

不要小看「答應」和「拒絕」這兩個動作，談判老手的「答應」和「拒絕」和一般人的答應拒絕完全是兩回事。老手的「答應」和「拒絕」，其背後隱藏的行為語言，精準而深入，就如同老中醫針灸一般，針針扎在焦慮的關鍵穴位上，讓對手不知不覺地跟著走，最後主動停在我方期望的位置上。

「答應」和「拒絕」可以說是老手的談判技術裡，最基礎的馬步，可以即學即用。若你這兩組技術學得好，你已經可以贏過市場上七成的談判對手。

因為多數人的直覺反應，和老手的專業反應，正好相反。

我們在第六章，就會為你揭曉「答應」和「拒絕」的技術。

試著將對方多變的焦慮，釘在原地

如果你的談判次數夠多，你自然會遇到難搞的談判對手。這些人之所以難搞，通常是因為他心中認為「他可以跟你要到的」的需求空間忽大忽小，而且他自己還搞不清楚，自己到底要拿到甚麼條件才會滿意。但同時他心中又沸騰著一股「自己可能會吃虧了」的焦慮，無法自處。此時，不論你放出多少籌碼、讓了多少步，都是浪費，畢竟他終將會反悔；即使是他自己曾點頭接受過的條件，他都會推翻。

所以請不要急著讓步，不要急著放籌碼，因爲你現在放出去的任何資源，都會像扔到水裡，沒有用處。

這個時候，你得用「流程」而不是「籌碼」，才能處理他的焦慮。

他之所以心中有那麼強烈的「自己吃虧了」的焦慮，通常是因爲你或前一手談判代表，在之前的談判流程中，沒有用正確的技術，塑造一個好的「談判大結局」滿足他。你讓他協商完或簽約完，走出談判室的時候是惶恐的，是不確定自己是否吃虧的。回去後越想越不對，家人一問或老闆一問，他用底虛的口氣一敘述，旁人就會認定他做了錯誤的決策。衆口鑠金，他和他身後的一群人，都開始認定「自己吃虧了」，倒楣的他還因此被臭罵了一頓。而爲了把場子找回來，他可能會不惜撕破臉，回頭跟你推翻了之前的協議。

此時，你就必須使用「談判大結局」的流程技術，把他心甘情願地釘在某個點上，你才會眞的迎來一個好的結局。否則你將把自己困在一場永遠撲不滅的連續大火中。而當你正在救某一處的火，他同時去別處放火，得不償失。

下一章開始我們正式進入談判老手的實戰領域，第一個技術，就是教你如何塑造理想的「談判大結局」，讓你的對手心甘情願地停在你想要的位置上。

說服驚嘆號

談判時，對手的需求是兔子。你不要主動挖，要讓他自己說；你不要追牠，要讓牠來追你。

Chapter 5

{ **說服力的第四堂課。技術篇 ❶** }

高手的思維——扮演「被說服者」

高手的談判大結局長什麼樣子？

聰明的「被」說服者VS.疲憊的說服者

職場中，我們最渴求說服力的時刻，通常是在面對比我們位高權重的對手時。而當面對這樣的對手，你應該思考如何扮演一個聰明的被說服者，而不是疲憊的說服者。因為扮演一個聰明的被說服者，比疲憊的說服者更容易拿到你要的結果。

通常一個比你位高權重的對手，他心裡會有很強的優越感，他的自尊**不容許自己被你說服**，這個點可能連他自己都沒有意識到。因此，當你直線迎戰他心中的自尊問題，你會耗盡力氣。你必須拿出百分之百甚至更多的心血，還要找到非常亮眼的點，剛好碰觸到他，才有可能說服他。

但其實有一個方法更簡單，就是**設計一個流程讓他來說服你**。你會發現，當他站在一個說服你的主導者的角色裡時，他會比較安心，他的自尊心也會得到滿足。他會覺得過程順理成章，也因此，和你完成這筆交易也就順理成章。而你只要在這個被說服的流程中，聰明地使用「答應」和「拒絕」兩個最基本的行為語言，就能引導他拿著你要的條件來說服你。

當一個人站在主動者的角色上，他的心防不自覺的就會下降，他會不自覺的有一種掌控全局的感受。當他有了這種感受的之後，他會非常安心。一旦他感到安心，他反而容易不知不覺的拿出更多的籌碼、拋出更多的資源，要來說服你答應。

簡言之，**當你扮演一個「聰明的被說服者」，你其實可以設計出一個讓他自己說服自己的談判流程，最終，他會拿著你要的條件來說服你答應**。

表面上，一切彷彿在他的掌控中。但其實，你是站在一個更高的視角，用著他沒有意識到的技術在遙控著他的感受，讓交易最終的落點，落在你心中所選之處。

讓對手主動上門，雙手奉上大禮

通常，**聰明的「被」說服者會塑造於己有利的「談判大結局」，讓對手拿著你要的條件來說服你**。

下一章，我們會教你另一個具體的技術：如何用「答應」&「拒絕」的技術來一步一步建構這條「被說服的流程」，讓他朝你靠近，最後讓你拿到你想要的條件。

而在這一條被說服的流程裡，最重要的就是「談判大結局」，你必須要先知道一個好的談判大結局長什麼樣子，你才能夠回頭從開局、中局、到大結局來按部就班的醞釀出最有利的結果。有人說，如果要過好這一生，你必須把每一天當做最後一天來活，其實談判也一樣。你想知道怎麼拿到一個對你最有利的結果，你就必須先知道你在收尾時的談判大結局長得是什麼樣子。

如何塑造理想的談判大結局？

那一個好的談判大結局長甚麼樣子呢？我現在來為你拆解……

以下我先用一個案例來考驗你，看看你的直覺跟談判老手是否一樣？如果你能答對以下的答案，那恭喜你，你的談判能力起碼是百中選一。以下是一個談判實境題：

你是林經理，今天要代表公司和一個客戶陳總談一筆原價五千萬的訂單，早上出門前，老闆給你的**價格底線是四千三百萬**。

他跟你講說今天一定要簽到訂單，最多我方就讓到四千三百萬，低於這個價格就不能簽，但你今天一定要把陳總給搞定。因為你老闆擔心啊，時間等越久，你們這個訂單有可能會被競爭對手搶走。所以他要求你今天一定要想辦法結案。

你跟陳總來來往往經過三個多小時的僵持之後，陳總終於說出四千三百萬這個數字，他是這樣跟你說的：「林先生，我們都談了那麼久了，最後一口價，四千三百萬可以就可以，不行就算了，不行我就找其他廠商……」

這個時候，擔心他隨時有可能會反悔的你，應該怎麼做？

我給你三個選項：

選項A，因為感覺他有反悔的危險，所以你立刻答應，並且要求立刻簽約，還另外要求簽訂高額的違約金。

選項B，你假裝猶豫後勉強答應。

選項C，拒絕。

請問你會選擇哪一個？

好，我們先來討論一下選項A，有一部分的讀者會選這個選項。當然啊，你老闆要求你今天一定要簽，不簽可能生意會被搶走。況且，你跟陳總都談了三個多小時了，已經花了那麼多心力了，既然他已經出價出到你的底價四千三百萬，你當然就想立刻答應、立刻簽約，盡責的你還另外要求簽訂高額違約金，以免他會反悔。

可惜，選項A是你絕對絕對絕對不能選的答案。

為什麼？

讓我為你解答，為了讓你更清楚的感受到，我會用略為誇張的方式呈現。

假設你是陳總，我是林經理，請注意我以下的回應給你甚麼感覺？當你跟我講說四千三百萬可以就簽，不行就算了。我立刻回說：「四千三百萬嗎？好啊，好啊，陳總那我們立刻簽約，我現在就可以簽，我們現在就簽了吧，不要再拖了……」

請問如果你是陳總，你會有什麼樣的感覺？

你的第一個感覺絕對不是開心，你第一個感覺通常是「哎呀，糟糕了，我的價錢出錯了！」

而為什麼你會有這種感覺？

原因很簡單，談判時我們都會有一種下意識的判斷，這個判斷會快到有時連你自己的都沒有察覺。這個判斷就是：**「對對方有利的條件，通常對我方不利；而對對方不利的條件，通常對我方有利」**。

在此例中，當你立刻快速的答應了四千三百萬這個數字的時候，陳總的心中感覺就是糟糕了，四千三百萬對你有利，那應該對我不利。況且，你還答應的這麼迫不及待，表示四千三百萬應該對你非常有利，所以他的感覺會是他出錯價了，並且錯的很離譜，因為從你的行為語言看起來，你還有很多空間。

各位要記得，談判中對手出的所有價格，都只是一種試探。白紙黑字的寫下來之前，全部都可以反悔。坦白講，即使是白紙黑字寫下來，都還會有反悔的可能性。當他親口丟出一個價格時，他自己都沒辦法百分之百確定，這個價格是否真的對他有利。而「你的第一時間反應」，會強烈的影響他用何種角度詮釋他自己出的價格。

在此案例中，你要做的就是，要讓對方覺得四千三百萬是對他有利的，而對你們不利。同時，你不能用「語言」直接地告訴他，會產生反效果；你要用「行為語言」間接地告訴他，才能讓他自己說服自己相信。

因此，你絕對不能夠選擇A，你不能立刻答應，並且要求立刻簽約。

那選項B呢，假裝猶豫後勉強答應？

這個選項不能說錯，但是它並不好，為什麼呢？

大部分稍有一點社會歷練的人都會選B，選擇假裝猶豫後再勉強答應。許多人雖然沒有辦法說清楚為什麼不能選A，可是隱隱約約覺得，立刻答應這個動作可能會讓對方反悔。所以八成的人都會選擇B，裝猶豫後勉強答應。但問題就在這，就是因為大部分的人都會選擇B假裝猶豫後勉強答應，所以代表，當你選擇了B的時候，對方並不會有強烈的「他是贏家」的感覺。

各位請記得，善於塑造談判大結局的高手，在塑造談判大結局的第一個重點，我們在第二章和第四章有提過，就是：**要讓對手覺得他是贏家**。簡言之，你要讓他笑著離開談判桌。當他笑著離開談判桌之後，他就不容易反悔，他就不會在後面漫長的履約過程中，不斷的找各種問題刁難你，因為你在談判結束時讓他充滿成就感，覺得自己贏得漂亮的一仗。反之，若你沒有塑造一種強烈的，讓他覺得「他是贏家」的感覺，他即使勉強簽約了，也會在後面的程序中不斷找機會，把他自認為的損失找回來，到時候，你將極端痛苦。

如果你有做業務的經驗，你一定希望簽完訂單之後，客戶一點麻煩都不找你，一直到下一次下訂單的時候，自動回單。如果你的談判大結局收的好，他甚至還會小心的呵護你，擔心你反悔。像大叔這種每天在進行房地產談判的老手，最討厭的事情就是去處理各種毀約之後的瑣瑣碎碎。即使你的違約條款寫的再縝密，都會浪費你大量的時間精力。不管你是要把已經變換的權利再變換回去，或已經轉移的錢再轉移回去，都非常累人。但花費這麼多精力的結果，只是讓你損失比較少。這些精力若可以拿去做新的交易，不但輕鬆，獲利也會高出更多。所以，與其亡羊補牢，去補救談判對手後悔後，捅出的各種麻煩事，不如在談判大結局的簽約關鍵時刻，塑造一個讓對手不會後悔的情境。讓他成就感爆棚，像個贏家一樣趾高氣昂地離開談判桌；你要讓他笑在臉上，而你，微笑在心裡。

我們再回到這個問題。B這個選項的毛病就是，當他丟出了四千三百萬，你假裝猶豫後勉強答應，力度還是太弱了，畢竟大部分的人都會這樣做。當陳總離開談判桌之後，他自己事後會猜想，其實四千三百萬本來你就會接受，你只是裝個樣子而已，所以他心中並不會有太大的成就感，不會產生贏家的感覺。

既然不是A、不是B，正確答案就是C—拒絕。

很多人看到選項C拒絕，心中會害怕。畢竟老闆給了你「今天一定要成交」的壓力，於是你就敗給了自己擔心會失去陳總的恐懼。但談判老手知道，其實「拒絕」在談判裡面是一個非常好用的工具了，它具有「點石成金」的魔力。

什麼意思呢？

談判中，任何對手丟出來的條件，只要一經過你拒絕，這個條件在對手心中的價值感就會快速的飆升。剛剛有說過，談判中我們都會有一種下意識的判斷：「對你有利的條件通常對我不利，而對你不利的條件通常對我有利」。當你的對手丟出四千三百萬這個數字之後，你立刻拒絕，此時會有一個如魔術般的狀況出現了：本來四千三百萬這個數字，陳總覺得普普通通，甚至還有點擔心是不是丟高了？沒想到，經過你立刻拒絕之後，他的感受就瞬間改變，完全不一樣了。他會突然覺得唉呀，四千三百萬這個數字，好像也沒有想像中的那麼糟嘛，好像還可以接受。而且，這個感受上的改變，他甚至自己都沒有察覺。

一瞬間，你只是簡簡單單的用了一個「拒絕」的動作，就把四千三百萬這個數字，在他心中的價值感，快速地拉升起來。

我常對客戶和學生說：「你雖然無法改變你手中有的客觀籌碼數字，但你絕對有能力改變對手，拿到這個籌碼時候的主觀感受。」比如說這個案例裡面老闆給你的預算上限就是四千三百萬，你沒有辦法改變這四千三百萬這個數字，但你完全可以改變這四千三百萬在對方心中的感受，你剛剛如果選A「立刻答應的話」，這四千三百萬在對方心中的價值感就會立刻貶值，變得非常糟糕；但相反的，當你選C「拒絕」的時候，這四千三百萬在他心中的價值就會立刻上升。

談判老手跟一般人的差別就在於，談判老手，給一塊錢可以讓對方產生十塊錢的感受，但是一般人給十塊錢，常常只能給出一塊錢的感受。而我們這本書要教你的技術，就是讓你給一塊錢能夠讓在對方心中產生十塊錢、二十塊錢甚至五十塊錢、一百塊的感受，這就是談判老手「以少換多」的技術，我們在這本書的技術篇會一一教你。

「拒絕」其實還有另一個很大的好處，我們先想一想，在你拒絕之後，對方下一個動作會是什麼？

你拒絕之後，對方下一個下意識動作，就會進一步來說服你四千三百萬真的很合理，他可能會列舉行業內的一些數字啊，或者是一些你的競爭對手的資料啊，或者是一些新的道理和角度來說服你，四千三百萬真的真的真的很合理。而當他不斷說服你四千三百萬很合理的同時，他已經先說服了他自己，而我們要的就是他這一份**自己說服自己**的力量。他會講著講著就覺得四千三百萬越來越合理，而經過你拒絕，他又說服你的這個過程，他已經一遍又一遍的說服了他自己；這個過程會把四千三百萬的合理性在他心中釘上一根釘子，越來越堅定。他會越來越喜歡，甚至開始渴望用四千三百萬成交。

所以在這裡要請你先記住，在談判大結局中，即使對手的出價已經到達你可以接受的程度，你的第一個直覺反應，仍然是先拒絕。

好，但拒絕之後，我們該做甚麼才能收尾，才能順利完成這筆交易？

給你1分鐘想一想……我再公佈標準答案：

在你拒絕後，接著他說服你的動作出現之後呢，你再回到選項B假裝猶豫後再勉強答應來收尾。

好重點來了，實戰中，這裡有個關鍵環節請注意，這一次的這個猶豫，因為是收尾前的最後一次猶豫，你必須賦予它強烈的價值感和困難感，以便塑造對手成功說服你之後的強大成就感，所以這個猶豫，請你起碼猶豫一個小時以上。當你的猶豫時間越久，他後面說服你得到這個四千三百萬的成就感就越大，而他是贏家的感覺就越強烈，所以之後他就越不會違約，越會全心全意保護這筆交易。

當你這樣做之後，還會延伸出一個巨大的好處，你會給他一個「英雄故事」可以回去跟他的老闆、老婆、同事、親朋好友⋯等不在談判現場但會影響交易的關鍵第三方炫耀。

談判最討厭的一種狀況就是，你花了好久的時間和對手纏鬥，你放了一些籌碼，好不容易談成了，沒想到過幾天，突然間對手背後沒有參與談判的那個大老闆跳出來反對，要求重談。有時老闆換成老婆、或成年的孩子，一下子跳出來就要推翻你辛苦談成的交易，我處理過客戶中太多太多這樣的案例，不在場的第三方通常都是最難搞的。

當對手背後的大老闆跳出來，要推翻你談判對手原本談成的案子，他會帶著更強大的攻擊力來。因為他必須要證明他是對的，所以他勢必要從你這裡挖下更大一塊肉才能對他的下屬們交代，否則他將盡失領導威信。因此，他們會變得更不理性，更難搞，而且更沒有空間、更硬、更火爆，而最嚴重的事其實是，你有一大部分的籌碼已經在前面的第一場談判當中，放出去了，所以你其實已經沒有沒有什麼多餘的籌碼，空間可以讓給這個不在場第三方，場面將變得非常血腥難堪，若沒處理好，你很容易陷入要嘛「失去這個客戶」，要嘛「賠錢做交易」的兩難困局。即使你選擇「賠錢做交易」勉強留下這個客戶，這個客戶也會變成雞肋，因他將永遠用你會賠錢的第一單標準來要求你讓利，終究，你會失去他。

因此，談判老手會盡全力避免不在場的第三方跳出來推翻談判，而最好用的方法就是讓你的對手笑著離開、很爽地離開談判桌之後，有一個英雄故事可以回去跟老闆邀功。

你的對手會這樣跟他的老闆回報：「……老闆我跟你說喔，本來呀他根本不答應這四千三百萬，要不是我洞悉了 XXXXXXX，臨機一動 XXXXXX，在最後關頭拍桌子嚇他說：『如果你不答應我四千三百萬這個價格，我們公司以後的訂單就不給你，我等一下就找你的競爭對手XXXXX……』，他最後根本不會答應這個數字，你知道嗎？……他最後還在那邊為了四千三百萬這個數字，跟我僵持了一個小時……如果今天不是我反應快，我們不可能談到這麼好的價格……」

此時，他的老闆回想一下，整場談判的時間耗時四個多小時，的確是僵持很久，再加上他自信滿滿地轉述，他的老闆確實比較容易相信這個數字是對自己有利的。

所以，談判收尾時這個猶豫太重要了，這個猶豫是塑造對手成就感和英雄故事的重要環節。你最後在無奈痛苦中答應了四千三百萬這個數字，還讓對手打包帶走包括這個猶豫之內的整個英雄故事，回去向老闆或老婆邀功。你要讓談判對手幫助你管理他背後不在場第三方的心理預期，讓他們整個團隊都覺得自己打了一場艱苦卓絕的戰鬥，贏得最終的勝利。

當他們笑在臉上，瘋狂慶祝勝利的時候，你會在心裡微笑，因為你知道這一切都不是偶然，你知道這一切都是透過談判專業，一步一步鋪成而來的結果。所謂「一般人眼中的運氣，是老手在眾人未見之處，一連串運籌帷幄的智力美學。」

好，你以為這樣就結束了嗎？若「C先拒絕＋B再假裝猶豫後勉強答應」，是高手的答案，其實還有一個加強版的高高手答案。我想考你，在「拒絕」和「假裝猶豫後勉強答應」的中間，談判的老手，通常會「多加一個動作」，讓對方的成就感更加的爆棚，請問是什麼動作？

給你一分鐘挑戰一下：

如果你能回答出這個問題的話，基本上你的談判能力起碼是兩百中選一。到底談判的老手會在C拒絕後B假裝猶豫後勉強答應，兩個選項中間插入一個什麼動作，讓對方更有成就感。

我們公佈答案，答案是：再放一次價

什麼意思？如果我是你，在最後收尾的結局，在C拒絕四千三百萬之後，我會再放一次價，也就是再放一個數字。比如說四千三百八十萬，我可能會這麼說（請依據你的工作現況調整說法）：

「陳總，四千三百萬不可能……這樣吧！這單我的個人獎金二十萬不要了，四千三百八十萬給您……若這樣還不行，我只好忍痛放棄，不再耽誤您的時間了，畢竟我們都已經談了四個多小時……」

在我放四千三百八十之後呢，對方通常會有三種可能的反應：

第一個可能：拒絕，繼續堅持四千三百萬。

第二個可能：他可能會要求一個在四千三百萬～四千三百八十萬之間的數字，例如：四千三百三十萬。

第三個可能：他同意四千三百八十萬。

先說第三個可能，若是對手選這個選項代表你運氣很好，你只用一句話就多賺了八十萬，通常這代表對手已經失去耐心，又捨不得已經投入的四個多小時心力，故放棄攻擊。

此時也代表你前面塑定的談判流程暗合了一個關鍵原則：「他覺得你盡力了，他盡力了，你痛苦了⋯⋯」當對手心中湧起這股感受時，他的攻擊力會快速下降。

再說第二個可能性，即使他要求了一個新的數字四千三百三十萬，對你而言還是好的，你只用了一句話就幫公司賺了三十萬，這個說話的投資報酬率多高阿？所以還是很值得。

最後再說第一個可能性，坦白說這個可能性是最高的，占了八成的機率。但即使他拒絕了四千三百之後，這個局面仍然是對你非常有利，因為你藉由「多放一次價」這個動作把他的成就感給具體化，也把他的英雄故事給具體化。你給了他具體的素材可以加油添醋，回去跟老闆或老婆邀功。他通常會這樣講：「喔，老闆你不知道他最後還給我硬ㄍㄧㄣ在四千三百八十萬不肯讓，說甚麼他這筆訂單的二十萬個人獎金不要了，最後一口價四千三百八十萬……若我方不答應，他就離開了……我們在那裏又僵持了一個多小時，我就是罵他說我們這麼大的公司的，今年還可能跟你做那麼多生意，結果你還還要給我們留個尾數…接著我對他XXXXXXX，他才被我勉強凹到四千三百萬成交……」

發現了沒，你最後放四千三百八十萬的整個過程，被塑造成一個史詩級的力挽狂瀾的英雄故事。你默默地提供了具體鮮明的素材、力挽狂瀾的情節，又默默地陪著他演了一段，默默地成就了這場勝利。而這場勝利是你的對手渴望已久，也是他背後大老闆渴望已久的甘霖。他的老闆甚至會拿你的對手在這場談判中的表現，做為榜樣，激勵整個團隊。

而一切，都在你的預想之中。你只是用了四千三百萬～四千三百八十萬之間這

80萬的價差，就把這個英雄故事的細節更加具體化，所以故事在轉述過程中會變得更逼真，他背後的老闆和他的老婆都會更開心，更容易相信你鋪成的這一個故事的情景，更容易相信他們是贏家，於是他們就會更加的有成就感，更加的努力保護這筆合約，即使之後有你的同業來破壞，破壞效果都會被大幅降低。

例如你的同業跟陳總講說，同樣的單，他們四千萬就可以做了。即使是這樣，但因陳總太喜歡這一場談判中的自己，在和你談判的過程當中，畢竟你製造了很多成就感給他，你塑造了他人生經驗中少見的英雄故事，可以讓他炫耀，所以他會不自覺的傾向保護這筆交易，不自覺的傾向不相信你的同業。

他很可能會這樣想：「B公司報四千萬一定是假的……一定是交貨的等級不同，或是後面的服務水準差別很大……不然我和A公司（你的公司）怎麼可能花這麼久的時間在那裏磨四千三百八十萬這個數字……那位林經理連二十萬的個人獎金都不要了……越想越覺得B公司的報價一定有陷阱。」

其實他心中為你辯護的原因並不重要，重要的是，在他心裡最深處的地方，你用了一場談判的時間，滿足了他最深刻、找尋已久的價值感，所以他會不自覺的找各式各樣的理由來捍衛你這筆交易。

你在滿足了他的渴望的同時，加上了一個保護罩，大幅降低了同業競爭的破壞。

如何塑造理想的談判大結局？

Q 當對手好不容易鬆口提出你心中理想的價格時，你該怎麼做？

A
①立刻答應＋簽訂高額違約金
②假裝猶豫後勉強答應
③拒絕

理想談判大結局的五大要素

- ●頻頻釋放不利於己的行為語言
- ●對方的需求會變來變去，還會越挖越多
- ●對方的衍伸需求是你自己挖出來的，但你卻無解
- ●太早開始「讓步」，讓你失去原有的優勢
- ●總結上述四點，導致總公司風控能力弱化

經過剛剛的那個四千三百萬的案例之後，你有沒有更瞭解一個好的談判大結局是長什麼樣子？以下我會列出五點談判大結局的要素，讓你更清楚的掌握如何塑造一個好的談判大結局，引導你的對手拿著你要的條件來說服你。

雙贏沒有用，讓對手覺得「他是贏家」才有用！

為什麼說雙贏沒有用？雙贏這兩個字，大家一定聽到耳朵都結繭了，前一章說過，它是最被濫用的一個談判詞彙。雙贏這個概念，第一次提出大約是在七〇年代

由哈佛商學院發展出來的。因為是哈佛發展出來的，很快就變成是商業界的一個主流概念。

實際上之後很多名校，比如說像是耶魯、牛津、劍橋、華頓商學院，這些頂尖商學院所提出的談判概念，多半都是圍繞著雙贏的概念在增補。而現在市場上的談判主題書籍或談判課程，九成五以上都是以雙贏為核心再發展出來的概念或理論。

但坦白講，雙贏這個概念對大多數的人來講不適用。雙贏通常只適用在財星五百大公司的層峰經理人身上，你如果是某一個財星五百大的上市公司副總以上階級的人，你用雙贏的理論是很容易看到效果的，但對一般人非常難用，為什麼呢？

因為實務中，雙贏只在一個前提之下才會產生效果，這個前提就是：「**你的對手，有強烈的慾望想要和你維繫私人關係**」。

為什麼說在這個前提下雙贏策略才有用呢，因為當你的對手強烈的想要和你建立私人關係時，他自然而然就會在談判中壓抑自己的攻擊欲望，以避免傷了和你眼前的交情。這都是為了未來有一天，他需要你時，你能幫他一把，或最起碼，不要拖他後腿。

而財星五百大公司的層峰主管先天具有這樣的優勢，因多數人都想和他們建立私人關係，甚至賠點錢都無所謂，所以談判攻擊力自然被削弱了。故當財星五百大公司的層峰主管主動要求雙贏的共識時，對手通常會積極配合，「雙贏理論」自然有效。

但若你跟九成的人一樣，並不是財星五百大公司的副總以上的層峰主管，又或是你是一家小公司的老闆，那麼你的對手就不太會想跟你達到雙贏。因為他未必認識你，也未必真覺得你有資源、有影響力值得他費心去經營，他根本不會主動替你留一份獲利，也不會想花心思跟你坐下來談一個所謂的「最佳替代方案」（BATNA），畢竟，他沒有強烈的動機，要跟你建立長期關係。另外除了概念上不適用一般人之外，「雙贏」在執行面上還有一個更大的缺陷。這個缺陷是什麼？具體地說，你在談判的時候最好不要講出「雙贏」兩個字？原因如下：

前面說過，當你講出雙贏兩個字的時候，你其實正在向對手透露出一個行為語言，就是「**你還有空間**」。這會進一步撩撥對手的攻擊欲望，如果你的對手是個像我一樣經驗豐富的談判者，他甚至會預期你還有很大的空間。舉例啊，比如說你的客戶要跟你下單，你的開價是二千萬，而客戶出一千八百萬，你們談了很久之後你跟客戶講說：「要不然我們一人退一步，取一個中間數一千九百萬，這是一個雙贏的結果。」當你講出一千九百萬是個雙贏的結果，你的老經驗客戶就不可能接受一千九百萬這個數字了，他甚至不會接受一千八百五十萬以上的結果，因為你回應中包含的行為語言正在告訴他：**你還沒到底線、你還有空間，而且空間還不小**。

所以接著他的攻擊不會停止，會一直持續到你看起來很痛苦，你被逼到極限了，他才慢慢停下來。這就是為什麼，我們要教你，在談判桌上，雙贏沒有用，你要讓你的對手覺得**他贏**才有用。

換句話說，好的談判大結局，必須讓對手覺得他是贏家，因若你沒有讓他覺得他是贏家，他的攻擊欲望不會獲得滿足，他仍然會不斷的想要攻擊你，不斷想要跟你砍價格，不斷的想要跟你要更多更多的資源、更多寬限或更多對他有利的條件，這樣下去將沒完沒了。所以你一定要讓對手感覺他是贏家，他的攻擊力才會削弱，他才會覺得，他已經拿到他能拿到的一切。能夠要到這些東西，他已經很開心，很滿足，很有成就感，他是這場談判最後的贏家。

讓對手覺得，是他說服你接受「原本不可能同意的條件」

這就是為什麼我們在最後收尾的時候，對手丟出的條件即使已經到達了你可以接受的範圍，你仍然要先拒絕。因為唯有拒絕，才會讓這個條件在他心中的價值感飆升，他事後再回想起來，會覺得自己太厲害了，這個條件你原本不可能接受，他最終使盡渾身解數，終究還是把你打敗了。

日後，他每回想一次，他的成就感就爆棚一次，當他成就感爆棚，他才會覺得他是贏家，所以談判大結局的第二個要素就是讓對手覺得是他說服你接受了一個你原本不可能接受的條件。

你拒絕最後一個條件並僵持很久，但你終究被說服？

大家請注意喔，這個要素中間，有一個「僵持很久」對不對，這個僵持就是我在前面曾經提過的「猶豫」，並且請起碼持續一個小時以上。因為這個僵持實在太重要了，透過這個僵持，才可演繹你原本有多麼不可能接受這個條件，而對方又贏得有多徹底⋯⋯，此舉將決定了他因此產生的成就感會竄得有多高？所以，這個僵持非常重要，務必起碼支撐一個小時以上。

感覺雙方盡力了，你很痛苦了，對手甚至開始擔心你想反悔⋯⋯

若能讓對手覺得你確實盡力了，內心掙扎得確實很痛苦，你最後一個條件答應的真是很勉強、很猶豫。而你甚至還為了這最後的這個猶豫，強撐了一個多小時，是經過他好說歹說，費盡各種方式方才成功說服你，最終很勉強很勉強地答應⋯⋯那就太好了。因為在這個過程中，他很可能產生一種焦慮，一種對你有利的焦慮。

他會開始擔心，你會不會反悔？

當他開始擔心你是否會反悔，甚至擔心你是否已在盤算著如何反悔時，他就會更小心地呵護這筆交易。如此一來，他就完全沒有機會去專心思考，是否可以跟你要到更多的東西。

很多人啊，在談判簽約之後常會遇到一個很大的問題，就是對方在回去之後沒多久就反悔，要回頭跟他們砍價或提出更多的條件。這都是因為你沒有讓他**微微地擔心你**，一旦他不擔心你，情況很容易變成你必須擔心他。因當他不擔心你的時候，他的腦袋會空出來，他不自覺地就會開始想：「唉，這個條件我是不是答應得太快了？我是不是應該再跟你多要一點東西？」所以你在談完交易，在談判收尾時一定要賦予一份擔憂—讓他有一點擔心你會反悔的可能性，而這份擔心，必須用你的行為語言來塑造，具體的相關技術，我會在後面的章節中逐一介紹。

讓對方有個「英雄故事」可以跟老闆／老婆／不在場關鍵第三方邀功

「充分授權」這件事只出現在美化的想像裡，我們都有必須回家交代的人。所以你要讓你的對手有一個英雄故事，可以回家跟老闆或老婆或家人朋友同事們炫耀，而你不能期待他自己編，所以你要編一個給他，並陪著他入戲，一定要讓他順理成章的有一個英雄故事，可以趾高氣昂地回家跟這些不在場的 KEY MAN 炫耀。

若一旦你的對手畏畏縮縮地回去報告，將引發這些不在場KEY MAN的焦慮，產生他們吃虧了的想法。如此一來，這些KEY MAN將有很大的可能推翻之前談好的條件，並帶著更大的攻擊力來找你麻煩。

所以，請給結尾予「波折」，讓老公回家能被老婆崇拜，員工回公司能被老闆讚賞，而你則要焦慮在表面，淡定在心裡。

最終，你的「焦慮」和「設計好的讓步」將成為對手拿回家炫耀的獎盃。

這將節省你這筆交易後的一百

理想談判大結局的「五大要素」

① 「雙贏」沒有用，讓對手覺得他是贏家才有用

② 讓對手覺得：是他說服你接受一個你原本不可能接受的條件

③ 最後一個條件你拒絕了，僵持很久，最後他說服了你

④ 他覺得你盡力了，他也盡力了；覺得你痛苦了，甚至擔心你想反悔

⑤ 讓他有了一個英雄故事可以回家跟老闆／老婆／不在場關鍵第三方邀功

通電話、一百件麻煩事，最終省下你一百個小時，讓你從此不再需要浪費時間處理災難，而能轉身去開發新的生意。

教完了如何扮演一個聰明的被說服者，以及如何塑造一個理想的談判大結局後，下一章開始，我們就要教你，高手如何從開局引導對手走進談判大結局的技術：「答應」和「拒絕」。

只要學會了這兩個基本技術，你將贏過市場上七成的人。

說服驚嘆號

當你扮演一個「聰明的被說服者」，你其實可以設計出一個讓他自己說服自己的談判流程，最終，他會拿著你要的條件來說服你答應。

Chapter
6

{說服力的第五堂課・技術篇 ❷}

談判高手的基本功之 1——答應 VS. 拒絕

如何用「答應」和「拒絕」
讓對手的焦慮為你所用？

搞定兩件事，談判「八成」沒煩惱

你的對手心中永遠有一股強烈的「跟你要的不夠多」的焦慮，這個焦慮來自於他的「心理預期」。而許多對手之所以難纏，是因為基於某些緣故，他預期他能跟你要很多。

高手的第一個習慣就是：壓制對手的心理預期。

只要對手的心理預期被你大幅壓制，他會**自己說服自己，不可能跟你要到更多**，也就容易讓你用很少的代價換到你要的東西。我將在本章節教你使用兩個談判的基本動作：「答應」和「拒絕」，壓制對手的心理預期。你只要學會這兩件事，就可以贏過七成的人。

別擔心，我痛恨紙上談兵，故我們不教理論。下面教的「答應」和「拒絕」的技術，你會立刻上手，放下書之後就能立馬使用。

你在答應和拒絕的時候有四種選擇：

選項（1），快答應。

選項（2），慢答應。

選項（3），快拒絕。

選項（4），慢拒絕。

你只要學會使用這四種答應和拒絕的節奏，你就可以贏過七成的人，因為一般人的直覺反應和談判高手是完全相反的。談判其實很簡單，你只要透過上面四種快和慢的節奏，你就會傳遞出截然不同的「行為語言」，催眠著對手的五感。接著對手會在無意識間自動調整自己的心理預期，朝對你有利的方向思考。你將會用一種你從來沒有想過的方式，得到你想要的成果。

事實上，談判中你真正的對手不是對手本人，而是對手心中的心理預期，談判高手的技術，目的多半都在影響對方的心理預期，只要你可以影響對方的心理預期，甚至是遙控對方的心理預期，那最後，談判的落點落在哪，都將由你決定，你可以成功的引導一場談判，到達你想要的地方。更有利的是，你會讓對手在表面上看起來像是主導者，讓對方充滿安全感，但其實你才是垂簾背後，真正的主導者。

接下來我會先提出幾個問題，看看你對於「答應」和「拒絕」節奏的原始直覺，和老手一不一致？

對手在談判時提出有利於你的提議，該如何回應？

讓我們問得更刁鑽一點：

談判時，對手好不容易提出一個**很有利於你**的提議，對手隨時會反悔，而你想答應，下面哪個答應的節奏比較好？

選項（1），快答應。

選項（2），慢答應。

來，我給你一分鐘的時間想一下。

標準答案是（2）慢答應。

還記得我們在前一章教你的談判

Q 談判時，
對手好不容易提出一個很有利於你的提議，
對手隨時會反悔，而你想答應，
下面哪個答應的節奏比較好？

A ① **快**答應　② **慢**答應

大結局嗎？坦白講，真實世界裡最好的答案是「先拒絕，再猶豫之後勉強答應」，這是最好的答案，但如果你只能在快答應或慢答應這兩個選項裡二選一的話，那麼答案就是慢答應。

我相信一些有豐富實戰經驗的讀者，應該直覺上面會選慢答應。我在兩岸的五百大企業裡，訓練我的客戶或學員的時候，大家的反應啊，選快答應和慢答應的比例差不多是六比四。有六成的人會選快答應，另有四成的人會選慢答應。但當我身處談判現場觀察，真實的比例只有八比二，有八成的人還是不自覺選了快答應，只有兩成的人會選慢答應。

那是因為當你人在談判現場，你會感受到龐大的壓力，你害怕即將失去這筆交易、即將失去這個客戶，或即將失去升遷機會、即將拿不到獎金，你心裡的焦慮會翻騰，而這個焦慮促使你不自覺的會做出快答應的選擇。

但，**快答應是你最不應該做的選擇**。

快答應會讓你的對手很容易反悔，而且容易想要跟你要更多，我們接著用一個借錢的案例來示範給你看，你就知道為什麼慢答應遠遠好於快答應。

來吧！跟大叔借一百萬

談判裡有一個很重要的關鍵點就是：談判中，答應要慢。

現在請你對我說：「大叔借我一百萬好不好？」，然後注意我的反應給你什麼樣的感覺？

你：「大叔借我一百萬好不好？」

我：「小林，你說的是一百萬嗎？好啊，那什麼時候要給你，現在嗎？可以啊，剛好我是那個銀行的VIP，我現在就用手機轉給你。」接著你就看到我噠噠噠噠噠立刻轉了一百萬給你，你一下子就收到錢了。

請問，你現在有什麼樣的感覺？

你第一時間的感覺一定高興啊！「哇，沒想到比想像中的容易很多，一下就借到一百萬」，但是大概過了三分鐘之後，你開始慢慢的會浮起一個新的念頭。你會開始想「哎呀可惜，我的資金缺口其實有二百萬，當初害怕大叔不借，我才開口一百萬……沒想到大叔一下就借給我了，那如果我跟大叔借一百二十萬，甚至一百五十萬，說不定大叔也會答應哦。」於是你就會冒起想要跟我借更多的念頭。

接著請你觀察另一個相反的情境，來，請再對我說一次「大叔借我一百萬好不好？」然後注意我的反應給你什麼樣的感覺？

你：「大叔，借我一百萬好不好？」

我：「小林啊，你要我借你一百萬啊，一百萬很多唉，你真的讓我很為難耶」於是我在那邊嗯……為難了一個小時。之後我跟你說：「小林啊，這個，我要回去跟我太太商量一下，不然你今晚再打個電話問我吧……」

你焦急地熬到晚上，算準我吃過晚飯的時間，再次打電話給我……

你在電話裡又問了：「大叔，請問您跟嫂子商量的怎麼樣？可以借我一百萬嗎？」

我回應你：「啊，我老婆不是很贊成呢，你真的很缺錢嗎？要跟我借一百萬我很為難呢」於是你在電話裡面再三地說服我，然後我又在電話裡猶豫了一個小時，最後我跟你講：「小林啊，那你一定要還哦，你有錢就要趕快還我哦，因為我自己手頭也緊啊……」說完我就把電話掛了，沒有再問你任何的匯款的細節，也沒有說什麼時候會匯款。

請問，你現在有什麼感覺？

請問你覺得，跟我借到一百萬的機率高不高？

大多數的人的感覺都是不高的。

那麼請問，你還會想繼續跟我開口借一百二十萬，甚至一百五十萬嗎？

當然不會！因為你連跟我拿到一百萬的可能性都沒有把握，還在擔心著呢。而因你正在焦慮，到底能不能真的跟我借到這一百萬，所以你的心神完全被這焦慮占滿了，完全沒有多餘的心力去思考，有無可能跟我借到更多錢。所以藉由上面你借一百萬，我給你的兩個不同答應的節奏，你可以發現，這裡有一個關鍵技術就是：

談判時，答應要慢。

因為我用慢答應這個節奏，製造了一種**不確定性**，我把一個不確定性植入了一百萬的數字上，所以你的大腦忙著焦慮「你是否會拿到一百萬？」，你早已忘記了，你也許可以跟我要更多。很多人，常常會遇到談判結束後，對手出乎意料的「反悔」，而這種「反悔」通常會以各種莫名其妙的理由呈現：他的老闆不同意、老婆不同意、鄰居不同意、另一個部門不同意等等，讓你瞠目結舌。

請記得！千萬不要去追逐著那些理由，因為就算你連續解決了一百個理由，還會有第一百零一個跑出來。你要回到源頭解決它，用的方法就是一直保留一份不確定性，直到交易簽約收尾。

「不確定性」是根釘子，會把對手釘在原地，忘了跟你要更多。

在交易的任何時刻，一旦你一拿掉了這個不確定性，一旦他確定了他

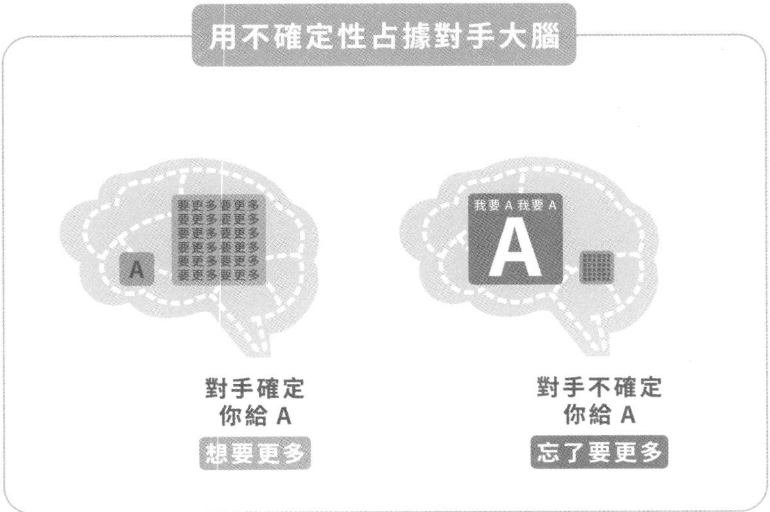

可以拿到一百萬之後，他的腦袋就會不自覺的空出來，開始思考可不可以跟你要更多，這是人性的自然反應。

人的腦袋，一次只能被一個主要焦慮佔據，你無法讓你的對手不焦慮，但你可以選擇，讓**「對你有利的焦慮」**，佔據他大腦的主頻道。所以你一定要「主動」留下一份不確定性在他的腦海裡，這個不確定性會形成一股焦慮佔據他大腦的主頻道。這個不確定性還會像一根釘子一樣，釘在對手的腦海裡，讓他忘了前進。談判中你絕對不要悶著頭去挖掘對手的需求，你會分身乏術。反之，你要主動留下這個不確定性，把對手定在這個數字上，讓他無法移動，這樣你才好收尾。

很多人就是籌碼給得太爽快，你以為給得爽快，給對方的感覺是好的，的確沒錯，第一時間的感覺是好的，但這個好的感覺不會停留超過3分鐘。3分鐘後，這個好的感覺過去了之後，他就會不自覺的想去找你麻煩。無奈這個找麻煩的反應是你造成的，因為你使用了快答應，而非慢答應。

我再問你一個情境題，如果你在跟對方用電話談判，當對方提出的條件已然滿足你時，你是否可以在電話裡直接就答應了？

千萬不要！

電話談判時候也一樣，假設你答應這個價格的話，你從掛上電話開始大概不到3分鐘，他就開始想怎麼樣跟你要更多喔。很多人在電話談判裡面會犯這樣的錯誤，一不小心跟客戶答應所有的要求，結果客戶反悔率極高，其實反悔率高主要是你造成的。故你一定要保留一個不確定性，直到你和客戶見面，並準備好簽約了才結束。

那萬一情況不允許呢？

萬一在這通電話中，你擔心如果你沒有明確回應客戶價格，客戶就要跑了跟別人簽約，你被迫必須答應客戶「價格」的條件。也就是說，你必須拿走「價格」這個不確定性，該怎麼辦？

此時，你有兩種作法來處理價格的不確定性。

作法❶ 保留5％的不確定性，不要全部拿走

你可以跟客戶說：「唉，陳大哥我會盡力幫你爭取這個價格，這個價格我已經說服我的主管同意，但還有最後一關，必須要經過我們總經理簽核。我和我主管會盡全力說服總經理，只是我現在沒有辦法百分之百跟你確定，因為我們總經理最近否決了幾個客戶的價格……。當然我過去的績效表現一直是前三名，所以總經理多半會願意多聽一些我的意見。下周請陳大哥隨時注意手機，一旦通過，我趕快請秘書準備好文件，請陳大哥來一趟總公司簽約，若是總經理沒通過，再請陳大哥幫我一起想想辦法……」

上面的這段說詞，會讓你的對手產生「希望感」，但仍保有最後5％不確定性，讓他不會輕易開口跟你要更多。

作法❷ 用新的不確定性，換走舊的不確定性

你可以這麼說：

「陳大哥，我們昨天跟老闆開了三個小時的會，他終於同意了這個價格，但他要求付款條件必須付現金，不能像過去一樣開三個月的票。我們老闆要求要付現金那……您問到底能不能爭取到三個月的票啊？這個我要再想想辦法跟我老闆說說看，明天一早就去老闆的辦公室等他，得到答案之後立刻回復陳大哥，陳大哥明天早上注意手機，我老闆一答應我們最好就簽掉了，免得他後悔。昨天這個價格他已經唉了好久，本來不同意的……」

電話中，要答應對手條件時……

作法① 保留 5% 的不確定性，不要全部拿走。

作法② 用一個新的不確定性，換走舊的不確定性。

談判中你唯一可以拿掉所有不確定性的時候，就是當你可以馬上簽約的時候。從你拿掉了不確定性開始，到你簽約的時間點，最好不要超過半個小時，否則你是變相的在鼓勵你的對手違約。

若你基於某些原因，無法做到在拿掉最後一個不確定性後半小時內簽約，無法做到「談判流程」和「簽約流程」間的緊密結合，你應該回頭去順你的簽約流程。例如你的簽約必須要經過層層關卡，需要好幾天，甚至好幾週好幾個月，你客戶違約的機率會倍數提高，這等於變相地摧毀你們談判代表的談判成果，所以你應該優先想辦法回頭去捋順你的簽約流程。

若簽約流程實在無法改變，那只好放慢你的「談判流程」回頭遷就「簽約流程」。當你在跟客戶一邊維持那份不確定性的時候，你的內部簽約流程就要先跑，跑著跑著跑到了你覺得內部流程接近可以簽約的時間點，再把客戶拉到現場去收尾。你絕對不要在電話裡談你的最後一個條件，給出最後一個答應，如此你才能夠保護你的談判成果。

簡言之，從前面的例子你會發現，談判中有一個關於「答應」的節奏原則：談判時，答應要慢。

對手在談判時提出不利於你的提議，該如何回應？

容我再問得更具體一點：

談判時，對手提出一個**不利於你**的提議，你想拒絕，下面哪個拒絕的節奏比較好？

選項（1），快拒絕。

選項（2），慢拒絕。

給你一分鐘想一下。

標準答案是（1）快拒絕

這一題，是很多人會在實戰中犯

Q 談判時，對手提出一個不利於你的提議，你想拒絕，下面哪個拒絕的節奏比較好？

A ① **快**拒絕　② **慢**拒絕

的錯誤。

我在談判課堂上調查的結果是，選快拒絕和慢拒絕的人數比例大概是五五波，但在第一線談判現場真正能夠果決的執行快拒絕的只有一成；有九成的人會不自覺地使用慢拒絕。

接下來我再用借錢的案例來示範給你看，讓你更有感覺。

來吧！再跟大叔借五百萬

說起整個談判的過程裡，拒絕的節奏就是：拒絕要快！拒絕要快！

來吧，再跟大叔借五百萬！

現在請你對我說：「大叔借我五百萬好不好？」，然後注意我的反應給你什麼樣的感覺？

你：「大叔借我五百萬好不好？」

我（大聲咆嘯）：「五百萬開什麼玩笑，你瘋了嗎？五百萬怎麼可能，我自己都需要借錢。」說完後我立刻扭頭轉身離去，

請問你有什麼感覺？

你覺得，能跟我借到五百萬的機率是高還是低？

當然是低啊……

來，接著我們來看另一個相反的情況，請再對我說一次：「大叔借我五百萬好不好？」，然後注意我的反應給你什麼樣的感覺？

你：「大叔借我五百萬好不好？」

我（猶豫臉）：「五百萬哦，小林五百萬很多呢，我們朋友之間借五百萬不好吧？」接著我就嗯……，在那邊考慮了一個小時，最後我跟你講：「小林，不好意思喔，我想五百萬還是不要吧，這次不好意思我就不幫你了，你找別人看看有沒有機會……」，然後我結束談話，轉身離去。

請問，我的回應給你什麼樣的感覺？

讓我再問得更具體一點，從剛剛第一次的拒絕來到第二次的拒絕，哪一次讓你覺得比較有機會跟我借到錢？

當然是第二種。

因為你感受到了我的猶豫，我在猶豫要不要借你五百萬的那個猶豫。我的這份猶豫，即使你無法具體的說出來，你下意識感覺到，我的內心有兩個念頭在搖擺：「借你五百萬，不借你五百萬，借你五百萬，不借你五百萬……」。

這個搖擺讓你感覺：我有在思考借你五百萬的可能性。你的感覺會讓你開始產生一個新的念頭：「也許我跟大叔借二百萬，他會答應」，所以你會繼續要求、繼續攻擊。是故我的慢拒絕，並沒有打消你和我借錢的念頭。

因此在談判的過程裡，關於拒絕的節奏原則就是：談判時，拒絕要快！

看到這裡，我們小結一下談判過程中，關於「答應」和「拒絕」的節奏技術，就是「答應要慢」、「拒絕要快」。這個技術看起來簡單，但七成的人都做不到，因為多數人的直覺反應，正好相反。

為什麼？

很簡單，原因有兩個：

關於「答應」和「拒絕」的
節奏技術——

答應要慢　　**拒絕要快**

你被「禮貌」制約了

我們從小到大學習的禮貌制約了我們的直覺反應，每當我們想要拒絕一個人，我們的禮貌就會教育我們，要儘量避免說出傷害對方感受的話，所以我們會開始編織一個好聽的理由，一個比較委婉的說法，待說了一大堆理由，繞了一大圈之後再折返回來，拒絕對方，有時還是一個**語焉不詳**、**模糊的拒絕**。殊不知，當你使用這種禮貌的、委婉的慢拒絕時，你會傳遞出一個**錯誤的行為語言**，就是告訴對方，你有可能借給他五百萬、你有可能同意他的條件，你有可能給予他想要的東西。所以當你使用慢拒絕，很有禮貌的講了一個委婉的理由的時候，你引發的不是對方的接受，而是對方的繼續攻擊。

由此可知，談判時千萬不要慢拒絕！

當你要拒絕對方的時候，直接給他快拒絕，這個時候你會把對方的心理預期在第一時間壓制下來，他會因為你的快拒絕而感受到沒有可能再跟你要到東西，你給他這個條件的可能性幾乎是零，這個時候他的心理預期會自動降低，所以比較容易讓步。如果你擔心你的快拒絕很唐突的話，那就先給快拒絕，後面再說明理由就好了。但請記得，你的快拒絕，一定要快速明確的說出來，你才能夠壓制對方的心理預期。就像前面那個借錢案例裡，快拒絕就會讓你覺得，你不可能跟我借到五百萬。

而關於答應的部分，多數人也傾向使用快答應，因為我們不自覺會覺得我答應對方，會讓對方快樂，所以我們的答應就會給的很快，起碼比我們的拒絕要快上許多。的確，對手剛聽到你的答應的時候，會很高興，但這個高興不超過三分鐘，因為三分鐘

Q 談判時，對手提出一個不確定是否有利於你的提議，你應該採取：

A

① **快**答應

② **快**拒絕

③ **慢**答應

④ **慢**拒絕

後，你的答應在對手心中的價值會迅速滑落，幾乎逼近於零。

人生中，只有一成的人會珍惜你的快答應，是你最好的家人朋友，或是對人性洞察深刻的人，請好好珍惜他們。其餘九成的人，請你避免使用快答應，不然你會一直付出但不被尊重，淪為一個不知不覺讓眾人欺負的濫好人。

所以談判裡面答應要慢，拒絕要快，你只要會這兩個簡單的談判節奏，你就能贏過七成的人。

緊接著我再問你一個問題：談判時，對手提出一個不確定是否有利於你的提議，你該如何回應？答案共有四種形式，分別是：

選項（1），快答應。

選項（2），快拒絕。

選項（3），慢答應。

選項（4），慢拒絕。

這裡的答案呢，只要你**選拒絕都是對的**，不管是快拒絕或慢拒絕都可以。

實務中，快拒絕，是用在情勢對你有利的時候；而慢拒絕，是用在情勢對你不利的時候。

什麼意思呢？例如，當你的對手和你談判，你身處的局面是很多人搶著要跟你談、搶著要跟你交易，這個時候你就可以使用快拒絕。相反的，當很多人搶著跟你的對手談、跟你的對手交易的時候，你可以採用慢拒絕，這樣對手比較不容易離開談判桌。

但務必記得，一律都要拒絕啊！

但為什麼要拒絕呢？其實思考這個問題是從一個相反的角度切入，這個角度就是：「你犯哪一個錯誤比較好收拾？」。當你不確定一個提案是不是有利時，你先拒絕之後再回頭答應挽回，這個時候的答應哦，對方比較容易接受，因為你先壓制了對手的心理預期，最後提出一個比原本的心理預期更好的條件。例如前面舉的借錢的例子，你的朋友要跟你借五百萬，你先快拒絕了，之後再回頭借給他這五百萬比較好收拾；反而如果你先答應了你的朋友要借他五百萬，後來反悔拒絕，這個時候他的不滿會比一開始你就拒絕來的更嚴重，因為你把對方的心理預期先拉的高高的，再重重的摔下來，場面就會很難收拾。

所以這一題呀，選拒絕都是對的。快拒絕，是用在情勢對你有利的時候；而慢拒絕，是用在情勢對你不利的時候。畢竟每一個回應都有它的風險，選擇快拒絕，你產生的談判力度會很強，但是對手離開的機率也會變高；如果你想要提高對手留下來的機率的話，就採用慢拒絕。

通常當你採用慢拒絕之後，他的下一個動作就會是想要繼續說服你，因為你是用慢這個節奏，將不確定性植入了此次拒絕，而這個不確定性進而傳達了一個「你有可能答應」的訊息，對方的直覺將會感受到，所以此時他下意識的動作就是繼續說服你。

大家發現了沒？此時你成功地將他留在談判桌上了，你大可等到確定這個條件到底是否合適你，再來決定下一步要不要答應。

再來，容我繼續考你一個問題：在哪一種狀況下，高手會用到「慢拒絕」？

選項（1），需要放慢談判速度。

選項（2），對手還有很多籌碼空間。

選項（3），對手的出價，尚在我方能夠接受的範圍內。

給你一分鐘時間考慮。

來，我們來看每個選項各有甚麼狀況？選項（1）需要放慢談判速度的時候。這在我的談判課中，有三成的人選這個選項。選這個選項的經理人最多的理由是：慢拒絕這個動作，就可以放慢談判的速度。

答案當然不是這個！

雖然這個很符合一般人的直覺，但實務上，你有非常多簡單又沒有副作用的方式可以放慢談判速度，例如跟對手約下一次面談的時間，可以約久一點；你回覆對手資料的速度可以放慢；……諸如此類的作法，都有助

Q 在哪一種狀況下，高手會用到「慢拒絕」？

A

① 需要放慢談判速度的時候

② 對手還有很多籌碼空間的時候

③ 對手的出價我方能接受的時候

於你順理成章地放慢談判速度，千萬不要用慢拒絕來放慢談判速度，因為你會傳遞出一個錯誤的行為語言，讓對手以為你有可能答應目前的條件。

另外，有五成的經理人會選（2），認定對手還有很多籌碼空間的時候。這些經理人覺得，因為我方判斷對手還有很多籌碼空間，所以要用慢拒絕，把對手留在談判桌上，這樣我方談就可以慢慢談，讓對手顯露出更多的籌碼空間。

這也是一個常見的錯誤觀念，當對手還有很多籌碼空間的時候，你一定是用快拒絕的，因為只有使用快拒絕，對手才會因**感覺不到你有答應這個條件的可能性**，才有機會再讓一步。如果你讓他覺得，你有可能答應眼前這個你剛剛才拒絕的條件，他怎麼可能會退讓？！他絕對不會讓這一步、不會再放一次價給你。如果你讓他覺得眼前這個條件你還有答應的可能性，他下一個動作一定是立刻**加強力道來說服你**，他不會主動讓步的，所以答案也不是（2）。

標準答案是（3）對手的出價我方能接受的時候。

這通常是談判的尾聲了，高手的談判本質上是**用一連串的拒絕來醞釀最後一個答應**；用一連串的NO來醞釀最後一個YES。當對手的出價到了我方能接受的時候，你再給一個慢拒絕，這時候你的慢拒絕會引誘對手繼續來進攻你，緩慢說服你。他會列舉各種證據、說出各種道理來盡全力說服你，就像我前面第五章教大家的內容──談判大結局，裡頭的那個案例是一樣的。還記得嗎？你要**先拒絕，再假裝猶豫，之後勉強答應**，而這裡的拒絕就是慢拒絕。

最後我再考各位一個更高段的問題，這是一個非常高級的技術，若你答對，你的談判能力起碼是千中選一。

問題是：還有哪一個更高級的使用場景，高手會用到「慢拒絕」？

給你一分鐘的時間思考。

Q

一個更高級的使用場景

高手會用到 **慢拒絕**

請問是

甚麼場景？

答案是「虛擬籌碼」。

好，什麼是「**虛擬籌碼**」？這其實是一個禁忌的技術，以下的人員禁止使用：

（1）對交易環節不熟悉者。

（2）對我方＆交易方彼此渴求的程度不熟悉者。

（3）對我方＆交易方的商業模式不熟悉者。

（4）沒有全局觀者。

（5）新進人員。

如果你對於整個交易的流程不熟悉，或你入行還不滿兩年，或是你對於你這個領域或這間公司裡參與的談判場次還不滿一百場的話，請你不要使用虛擬籌碼。所謂的虛擬籌碼是指一種談判高手「以無換有」的高級技術。

一般談判中，多數人都是拿真金白銀等有價值的東西，我又稱為「真籌碼」來和對方交換對方的「真籌碼」。

但高手可以依據談判中對方透露出來的情報，捏出一個「對手渴望，但對你來講幾乎是免費的東西」，去換對手的「真籌碼」。舉一個常見的「虛擬籌碼」，例如：當我方的財務狀況很好，對方跟我方下訂單，對方的付款方式對我方幾乎沒影響，我方就可以用「預付」、「現金全款」、「三天內現金全款」、「三十天票」、「六十天票」等等的「付款條件」做為「虛擬籌碼」跟對方談價格。

又如果你是一個加盟主，你要跟加盟商談「某一個商圈的獨家經營權」，而這個權利就是一個虛擬籌碼；甚至連談獨家經營權的「機會」，都是一個「虛擬籌碼」。其實虛擬籌碼還有非常非常多，但要注意的是，當你揑一個「虛擬籌碼」的時候，有時它會同時連帶的引起一些連鎖反應，產生新的風險，所以你要一定要對交易環節有非常清楚的理解才能使用。例如我們剛才講的，若要以「付款條件」作為「虛擬籌碼」，但你對你自己公司的現金流狀況沒有充分的掌握的話，最後可能會造成自己的現金流斷裂，黑字倒閉喔，所以當你使用虛擬籌碼的時候，你一定要有一個全局觀。

那為什麼使用「虛擬籌碼」的場景，高手會用到慢拒絕？

實務上，在虛擬籌碼的場景中，高手甚至會把慢拒絕和快拒絕的比例從一般場景中的「一比九」，大幅提高到在虛擬籌碼場景中的「九比一」。

因為當我們使用「虛擬籌碼」談判的時候，我們處在一個對我方「完全有利」的戰線上拉扯。以「付款條件」為例，若我方現金流健全，不論對方和我方拉扯的付款條件是「預付」、「現金全款」、「三天內現金全款」、「三十天票」、「六十天票」對我方都沒有差的話，我們就會很希望對手跟我們一直在「付款條件」這一條虛擬籌碼的戰線上面交換東西，如此我方就可以一直「以無換有」。

為了降低對手離開這條戰線的機率，高手就會降低快拒絕的使用比例，大幅提高慢拒絕的使用比例，跟對手來回拉扯。因為當你一使用快拒絕，雖然你的 bargaining power 談判力道會變強，對手讓步的機率較高，但同時對手因壓力而離開這一條戰線的可能性也會變高。

反之，雖然慢拒絕的 bargaining power 較弱，使用後對手不容易再大幅讓步，但反正「虛擬籌碼」這一條戰線，不管停在哪裡對我方都是絕對有利的。畢竟我方是用一個對我方沒有價值的東西去跟對方換有價值的「真籌碼」，所以取捨之下，高手會用慢拒絕把他留在這條「虛擬籌碼」的戰線上繼續談。

世界知名人物當中最擅長使用虛擬籌碼的就是美國前總統川普，你可以不喜歡他的政治理念或者是施政的手腕，但你不得不承認他是過去三十年來最會談判的美國總統。他在貿易談判上面就常常拉對方在一個虛擬籌碼的戰線上談，比如說關稅。美國對中國貿易戰的第一步，是把原本零關稅的鋼鐵，先加課三成，接著再回過頭來跟中國談，看你用什麼東西跟我交換，讓我把關稅降低。美國從頭到尾沒有從口袋中拿出一毛錢，這就是一個典型的「虛擬籌碼」。

另外，在第一次川金會的時候，他跟金正恩在見面前就在談判了，他在川金會的前一週在 Twitter 上突然發出他不參加川金會這一條消息，這就是在把「去不去川金會」捏成一個「虛擬籌碼」來跟金正恩談，交換金正恩願意讓聯合國去檢查北韓的核武。他在 G7&G20 高峰會時，也用「拒絕發表聯合聲明」這個動作捏成「虛擬籌碼」，來跟歐盟的各個國家施壓要求增加對這些國家的出口，讀者可以研究他歷年來的談判軌跡，看出來他使用虛擬籌碼的技術。而有關虛擬籌碼的詳細介紹，各位可參考我的上一本書《頂尖投資人都在學的被動談判術》。

以上就是我們的第五堂課，你可以忘記所有的東西沒關係，只要記得一句話：談判時，答應要慢，拒絕要快！只要你照著做，養成這個習慣，你就發現，你的說服力立刻飆升三成至五成。你將贏過七成你在職場上遇到的對手。

下一章，我們將會教你，如何揮出「答應」和「拒絕」的組合拳，收服難纏的對手。

說服驚嘆號

高手的第一個習慣就是：壓制對手的心理預期。

只要對手的心理預期被你大幅壓制，他會自己說服自己，不可能跟你要到更多，也就容易讓你用很少的代價換到你要的東西。

Chapter
7

{ 說服力的第六堂課。技術篇 ❸ }

談判高手的基本功之 2——答應＋拒絕

高手如何收服難纏的對手？

把災難級的對手，軟化成微風級的小咖

一旦遭遇難纏對手時，你必須懂得祭出「答應」和「拒絕」的組合拳，這兩個談判基本動作的組合運用，將可產生更強大的綜效。

我們在上一章告訴你一個簡單的答應和拒絕的技術：「談判的時候答應要慢，拒絕要快」，這是一個基本但高效的技術，當你分開使用答應和拒絕的時候，這樣的慢快節奏將在談判中壓制對方「想要跟你要更多的心理預期」，光是這個技術就能夠讓你贏過七成的人。有時你必須拉長戰線，揮出「答應」和「拒絕」的組合拳時，這兩個談判基本動作的組合運用，可以產生更強大的綜效，能把談判的災難級對手，軟化成微風級的對手。

以下，我先用幾個題目考你的直覺反應，讓你可以看見自己談判時的行為語言。

客戶要砍價，如何避免落入陷阱？

第一個問題是，客戶提出砍價要求時，你應該避免落入什麼陷阱？

讓我們問的具體一點：

某次協商，客戶提出了一個砍價的要求，下面哪種回應方式會讓你的客戶最不滿意？

選項（1），答應。

選項（2），拒絕。

選項（3），先答應，再拒絕。

選項（4），先拒絕，再答應。

同樣給你一分鐘的時間思考。

標準答案是選項（3），先答應，再拒絕，這樣你的客戶會最不滿意，為什麼呢？

如果你記得前面章節的內容，那麼你就一定可以答對這一題，因為你知道我們談判時，我們真正的對手其實都**不是對手本人，而是對手的「心理預期」**。

談判老手做的所有行為的目的，都是為了壓抑對手的心理預期。當對手的心理預期很低，他就會主動自己說服自己無法跟你要更多，此時他的攻擊力就會下降，容易滿足於你給的少量籌碼；反之，若你不小心發出了錯誤的行為語言，撩高了他的心理預期，他就會預期能從你那裡拿到很多籌碼，他的攻擊力將會很兇猛，不論你怎麼讓都不夠，甚至還會用一大堆莫名其妙的條件來威脅你，讓你痛不欲生。所以請永遠記住，談判時，我們

Q 某次協商，客戶提出了一個砍價的要求，下面哪種回應方式會讓你的客戶最不滿意？

A

① 答應

② 拒絕

③ 先答應，再拒絕

④ 先拒絕，再答應

的對手不是對手本人，而是對手的「心理預期」。因此這一題當中會讓對手最不滿意的選項，就是選項（3），先答應，再拒絕。

當你先答應了，把對手的心理預期拉得高高的之後，再用拒絕讓他失望而重重摔下，這樣的做法會比直接拒絕更讓他憤怒。你等於親手製造了一個心理預期的怪物，再來應付他，你的整個談判過程會變得很辛苦，所以千萬不要先答應，再拒絕。

客戶要砍價，如何增加答應後的「價值感」？

承上面的標題，讓我再換一個方式提問：當客戶提出要求可以接受時，如何增加答應的價值感？也就是說，某次協商，客戶提出了一個砍價的要求，下面哪個「答應」在你客戶心中最有價值？

選項（1），答應。

選項（2），先答應，再拒絕。

選項（3），先拒絕，再答應。

答案是選項（3），先拒絕，再答應。

你先拒絕再答應會比你第一時間就答應，給予客戶的成就感會更高，雖然客戶最終拿到的東西和選項（1）的答應是一樣的，但這個新價格在他心裡的價值感卻會飆升。

哪一種模式，會讓客戶感到「最滿意」？

選項（1），答應－答應－答應。

選項（2），拒絕－拒絕－拒絕。

選項（3），答應－拒絕－答應。

Q 某次協商，客戶提出了一個砍價的要求，下面哪個「答應」在你客戶心中最有價值？

A

① 答應

② 先答應，再拒絕

③ 先拒絕，再答應

選項（4），拒絕－答應－拒絕。

選項（5），拒絕－拒絕－答應。

不知道大家是否有發現，我提出的這些題目都是圍繞著「你的對手滿不滿意」、「你的對手感覺到有沒有價值」而發。我之所以提出這些問題的目的，無非就是想讓你知道，雖然因為環境限制，例如公司規定、老闆偏好、個人財力等因素，我們無法控制自己究竟能夠帶著多少談判籌碼上桌，但即使如此，你仍然有能力控制這些籌碼帶給對手的主觀感受。簡單來說，我正在教你們如何使用「答應＋拒絕」的組合拳，達到「以少換多」的目的。

再回到這一題……

一樣給你一分鐘的時間思考。

在我的談判課上，兩岸的專業經理人中，大概有八成會選擇選項（1），也就是答應－答應－答應，但答案不是這個，容我等一下再告訴你為什麼。

答案當然也不是選項（2），拒絕－拒絕－拒絕。這個選項是不會讓對手很滿意的，但實務上它是一個不錯的行為語言，因為它不會讓對手「太不滿意」，因此不容易引起大的紛爭。

至於選項（3）採取的先答應，再拒絕，最後再答應，你可以看出這個答案其實有點反覆。如果沒有特殊原因，請你不要使用這個選項，因為這個選項會無故的製造了對手的不滿。但有一種情況是例外，高手會在第一個答應後給出拒絕，主動承受這種不滿，請問這個例外情況是什麼？。

這個例外情況就是，在第一次答應後，我方感受到**對手起了貪念，想要打蛇隨棍上要求更多的讓步**，高手就會搶先把原本答應的第一次條件給否決了。即使不是徹底否決，也會注入一股強烈的不確定性，以把對手釘在原本的條件上，高手可能會這麼說：「我們去年的共識雖然是九千萬成交，但因政府政策突然改變，我們董事會有聲音要求依據不可抗力因素反映真實成本，目前拒絕簽核這筆訂單……他們要求要加價九百萬才能出售……我還正在努力中……」

如此，可以很大程度的壓抑對手強烈想要殺價的慾望。

至於選項（4），拒絕－答應－拒絕呢？其實選項（4）跟選項（3）很相似，都是處在一直反覆的狀態，只是反覆的方向不太一樣，特別是收尾的動作……，而這個差異點就會造成對手產生截然不同的感覺。

實務上，選項（4）所造成的不滿，會比選項（3）更高，而且高出很多。

等一下告訴你原因。

好，標準答案就是選項（5），拒絕－拒絕－答應。

在我的課堂上面，有兩成左右的經理人第一次就答對了，如果你是這群人，恭喜你！你的談判能力起碼是五百中選一。其實這題跟上面的第一題的邏輯是一樣的噢，你一直拒絕，讓他經歷的千辛萬苦之後，最後收尾再給一個答應，他的那種成就感和滿足感是無與倫比的。

還記得我們在談判大結局中有提到，談判老手在整個談判的過程啊，目的其實是在塑造客戶的成就感，塑造一種讓客戶覺得他是贏家的感覺。這個過程必須經過設計，設計成一場讓客戶歷經千辛萬苦，最後奮戰拿到他所要的條件的戰鬥，當然，最後的落點也是由你事先決定好的，只是客戶不知道；客戶主觀上認為，最終的條件是由他主動說服你而拿到的。

就很像你去玩一款遊戲，如果這個遊戲的過程太過簡單，你玩一下就膩了，一下就沒有成就感，你對於遊戲上的虛擬獎勵就沒有感覺；反之，如果這個遊戲設計的剛剛好，給你一個恰到好處的難度，比你擅長的程度還要再難一點，讓你必須要多花力氣才能夠克服它，這個遊戲就會讓你產生好玩的感覺，你會對於遊戲上的紀錄和虛擬獎勵非常看重，甚至願意花真錢課金去買一些虛擬裝備，讓你獲得虛擬獎勵。

舉另外的例子，電影也是一樣，如果電影裡面的反派角色太簡單、能力太弱了，太容易被主角打敗，整個故事就會很難看，反派角色的目的就

Q 下面你和對手針對三個相同議題的互動模式，哪種模式最終會讓你的對手最滿意？

A

① 答應－答應－答應

② 拒絕－拒絕－拒絕

③ 答應－拒絕－答應

④ 拒絕－答應－拒絕

⑤ 拒絕－拒絕－答應

是「給難度」「給精采度」「給意義」，劇情就是得讓主角翻山越嶺，歷經生離死別九九八十一難，最終打敗反派，完成世人無法想像的任務。如此艱難的結局才會讓你盪氣迴腸，即使到了字幕滾動後，還久久不能自己。

讓你對手感動到不能自己的談判也是一樣，畢竟，談判的本質就是「正確地誤導對手」。而你之所以能正確地改變對手的五感，當你讓出一塊錢籌碼的時候，他的主觀感受是你讓了十塊錢，就是因為你設計了具有難度的談判過程讓他征服。因此，不要輕易的給出你的答應，要讓你的對手、你的客戶花力氣來贏得你的答應。所以這一題的答案是拒絕－拒絕－答應，這個兩次拒絕後的答應，可以讓你的讓步在客戶心中產生最高的價值。

你親口說出口的，都會成為你終將失去的……

容我換個方式再衍伸一個來問大家，針對三個議題相同的攻防，你覺得以下哪種模式，最終會讓對手感到最不滿意？

選項（1），答應－答應－答應。
選項（2），拒絕－拒絕－拒絕。
選項（3），答應－拒絕－答應。
選項（4），拒絕－答應－拒絕。
選項（5），拒絕－拒絕－答應。

給你一分鐘的時間思考。

坦白講，這一題有兩個答案，一個是標準答案，一個是高手答案，我在這裡先宣佈標準答案，那就是選項（4），拒絕－答應－拒絕。

為什麼選項（4）是標準答案？

因為選項（4）犯了一個錯誤，你在談判過程中竟然顯露了可以答應的態度，這樣一來，就把對手的心理預期給撩起來了，更嚴重的是，最後竟然還用拒絕收尾，對手絕對不會答應的。

還記得我們在第四章時曾經說過，一個談判高手的不成文經驗法則，這個法則，也可以說成：**談判中，你親口說出口的數字，都將成為你終將失去的數字**。

不要懷疑，當你親口說出某個數字或某個條件時，這個數字就會降格成為對手心中的雞肋條件，若得到，對手不會太開心，但若得不到，對手會很憤怒。因得不到這個你曾親口說出口的數字，直接就證明了他在這場談判中是個失敗者。不但他心裡會這樣想，他的老闆、老婆等不在場的關鍵第三方也會這樣想，他若沒有啟動最大的火力攻擊你，此人接下來的處境將非常堪憂；他將被認定為一個不用心、沒能力的談判代表。對他未來的升遷加薪的可能性，是一種極大的傷害。他在某些關鍵人物心中的地位，

Q 下面你和對手針對三個相同議題的互動模式，哪種模式最終會讓你的對手最不滿意？

A

① 答應－答應－答應

② 拒絕－拒絕－拒絕

③ 答應－拒絕－答應

④ 拒絕－答應－拒絕

⑤ 拒絕－拒絕－答應

亦將一落千丈。

因此，一旦你在談判的任何環節中，曾經親口答應某個條件，你一定會失去它，若你沒有失去它，談判後期簽約和交易的過程裡，你將會遇到一大堆莫名其妙的麻煩事，而這些麻煩事都是因為，你的對手認為自己在前期吃虧輸給你，所以在後期就要拼命鑽營各種機會補回來。所以，選項（4）是會讓你的對手最不滿意的選項，甚至比選項（2）更容易讓對手憤怒。

至於，我剛剛提到還有一個高手答案，也就是說有一個選項長期而言會讓你的對手比選項（4）更不滿意，你可以思考一下，我們將在本章的最後揭曉這個深刻的高手洞察。

拒絕的未來式

最後一問，請問在不同議題下，哪一種模式會讓你的對手最滿意？

選項（1），答應－答應－答應－答應。

選項（2），拒絕－拒絕－拒絕－拒絕。

選項（3），答應－拒絕－答應－拒絕。

選項（4），拒絕－答應－拒絕－答應。

選項（5），拒絕－拒絕－拒絕－答應。

給你一分鐘的時間思考。

公佈標準答案，答案仍然是（5），拒絕－拒絕－拒絕－答應。

雖然這個問題標註的是不同的議題，但是最好的答案仍然相距不遠。的確，在相同議題的情境下，選項（5）的效果會比在不同議題下強，但在不同議題的情況下，選項（5）仍然是最好的答案。因你藉由前三個拒絕大幅壓抑了對手的心理預期，最後一個議題你勉強給出了答應，他的成就感是最高的。

請注意！這個問題中，我特別要把選項（3）和選項（4）拿出來討論，因為在實務中，他們有各自適用的時機點。

選項（3），答應－拒絕－答應－拒絕。通常適用於你跟對手剛剛結束一場劍拔弩張的談判，雙方都很勉強的完成協議並簽約。簽完約後，雙方在後續的流程中遇到了第一個問題，對方於此時提出請求，若這個請求在你可以接受的範圍內，你可以給出一個答應，以潤滑雙方緊繃的關係，但請注意！這點非常重要！這個答應，務必搭配一個未來式的拒絕，以壓制對手的心理預期。畢竟，剛剛結束的這場談判之所以會劍拔弩張，通常是因為你我雙方的心理預期差距太大之故，若你沒有在往後的交易流程中不斷壓制對手的心理預期，他的心理預期就會在**某個時間點突然炸開來攻擊你**，跟你要更多你無法給出的條件。所以實務中，精緻化的選項（3），應該是這個樣

Q 下面你和對手針對四個不同議題的互動模式，哪種模式最終會讓你的對手最滿意？

A

① 答應－答應－答應－答應

② 拒絕－拒絕－拒絕－拒絕

③ 答應－拒絕－答應－拒絕

④ 拒絕－答應－拒絕－答應

⑤ 拒絕－拒絕－拒絕－答應

子：

（答應＋未來式的拒絕）－拒絕

若是我可能會這樣說：「林總，我上午看到你的 E-mail，你希望第一批的交貨日期可以提前一週，我立刻聯繫了我們的工廠，他們表示產能滿載無法提早，我下午立馬殺到大溪那跟他們站在生產線前開會，硬是讓他們加班並重排生產序列以解林總這次的緊急需要！但這次是特例，很抱歉，下次就無法比照辦理，否則我們可能會被其他客戶索求延遲交貨的違約金，請林總諒解……」

在這次的答應中埋了一個**未來式的拒絕**，有兩個好處。

好處一：壓制對方的預期心理，降低日後獅子大開口的機會。

在這個後疫情時代中，每間公司每個人都面臨著更多的不確定性和更多的壓力，每間公司的策略中都隱含著把自己的壓力和衍伸成本轉嫁給對手的目的，若你能在第一時間就壓制對手的心理預期，對手也就會下意識地把他的壓力轉嫁給其他公司，而不是你的公司。當你埋下了未來式的拒絕之後，你會讓對手減少很多次因失望而不滿的機會，也會讓自己少打一百通電話、少解決一百個問題、少加班一百次。

好處二：讓後面的拒絕變得簡單……

一般人之所以不喜歡拒絕對手，是擔心對方因被拒絕而不滿，以致毀壞雙方交情而影響後續交易。但如果你，預先埋下一個拒絕的未來式，可以大幅降低對手被拒絕的心理衝擊。

在本次答應後埋下一個拒絕的未來式，就是先植入了「未來會拒絕」的心理預期在對手心裡，如此，當你下一次真正丟出拒絕時，衝擊力會大幅下降，對手堅持的程度也因早被你大幅削弱，變得更好說服。

好處三：第一個拒絕是未來式的，對手更容易接受

第一個拒絕通常是最難說出口的，因為對手的反應通常最激烈。但因在這一輪中，你的第一個拒絕是未來式，又跟在現在的答應後面，所以對手的不滿會被這個答應大幅對沖，拒絕的副作用會變得很小很小，很容易讓對方接受。

注意！一個技術面的重要提醒：

當你丟出了未來式的拒絕，下一次對手再來要求你時，你一定得拒絕，即使客觀條件改變了，你其實有能力和有意願可以答應，你還是必須拒絕！如此，你前後的語言和行為語言才會一致，才能繼續發揮力量。若你一時心軟答應了，在未來的交易過程中，你的「拒絕」將失去威力。你將無法再壓制對手任何的心理預期，陷入一再挨打的狀態。

所以請記得！在談判中的每一次

請記得

在談判中的每一次答應都要使用公式：

（答應＋未來式的拒絕）－拒絕

壓制

對手的心理預期

答應都要使用**（答應＋未來式的拒絕）下一次拒絕**的公式，以壓制對手的心理預期。

那選項（4），拒絕－答應－拒絕－答應。實務上是用在甚麼時機？

若選項（3）的使用時機是你和對手剛經過一場劍拔弩張的談判，那選項（4）就是你剛完成一場還算平和的談判後，對手在後續流程中丟出的第一個需求，你可以拒絕，這樣做是為了壓制對手的心理預期。

對方先拒絕再持續要求並施壓欲解約，如何收尾？

以下這個段落比較複雜細緻，新手讀者可以直接跳過。

看過這麼多例子了，那我要挑戰你一個實務問題，試問，若對手在你拒絕後持續要求，並對你施壓要求解約，你該如何收尾？

若單就實務層面來看，最精緻化的答案是：**（拒絕＋為難＋努力向公司爭取）－（答應＋未來式的拒絕）**。

請注意！你絕對絕對不可以選擇在拒絕後馬上答應。也就是不能在對手施壓後為了怕橫生枝節就直接答應，否則之後你的拒絕都將失去價值，都將失去壓制對手的作用。為了讓後面的答應順利出場收尾，又為了讓前面的拒絕顯得合理，你要在拒絕之後加上兩個行為語言，分別是「為難」和「努力向公司爭取」。你也絕對不能輕易地給出最後的答應，否則面對這個對手你從此將失去談判力。而為難的時間，建議起碼半個小時，半個小時後，你再回覆對手你會努力向公司爭取。但這個爭取，請記住起碼三個工作天，而在這三天之中，你要積極回報進度給對手，藉此證明你很認真爭取。如此，三個工作天之後，你給出的答應就會價值連城，而且順理成章。

反之，若沒有賦予這個答應足夠的難度和足夠的努力程度，你的對手反而會反過來認為你不認真，或故意找他麻煩，這對日後你和他的交易過程，將會更不利。

世間許多人埋頭苦幹，卻總是被周圍的人埋怨，就是因為沒有掌握真實的人性，沒有去控制對手的心理預期，才會越努力越顧人怨、越做越辛苦。

在你丟出「為難」和「努力向公司爭取」後，你的答應就可以登場了，但請記得，在答應之後仍要接個未來式的拒絕，如此，會有三大好處，第一個好處是，這會壓制對手未來的心理預期；第二個好處是，這會讓你的第一個拒絕更合理；第三個好處是，這會讓你的答應，在對手心中的價值感進一步飆升，他也將會更珍惜這一段交易關係。

簡言之，不管是在相同議題或不同議題的前提下，長期讓對手最滿意的回應方式都是選項（5），拒絕－拒絕－拒絕－答應。

最後給大家一個小提醒，如果你逼不得已必須在前一～二個議題裡給出答應的話，記住，在面對第三個議題時，你最好丟出的是拒絕喔！這樣一來，對手雖會有小小的不滿，但因為你是有意識地在控制對手的心理預期，所以對方即使再不滿也不至失控，由此可知，不論是否同一個議題，你在答應之後最好接上一個拒絕來周全整個局。

你是否餵養出許多忘恩負義者？

請問，下面哪個選項「最終」，會讓你的對手最不滿意？

選項（1），答應－答應－答應－答應。

選項（2），拒絕－拒絕－拒絕－拒絕。

選項（3），答應－拒絕－答應－拒絕。

選項（4），拒絕－答應－拒絕－答應。

選項（5），拒絕－拒絕－拒絕－答應。

給你一分鐘的時間思考，這裡一樣有一個標準答案，還有一個高手答案。

好。先公佈標準答案。選項（2）或選項（3）其實都算對，大家可依照實際狀況而定。若剛結束的談判過程劍拔弩張，雙方很緊繃，那麼選項（2）雖壓制了對手的心理預期，但也有可能讓簽約雙方的火藥味越來越濃，甚至升高到一個臨界點後爆炸，若真如此，選項（2）就是最差的情況。

但若是雙方剛結束的談判過程還算平和，選項（3）因為是先丟出答應，本就容易撩撥對手的心理預期，加上若沒有依照上一題所教的精緻化的實務解法，套用未來式的拒絕，那麼，選項（3）也會變成是最糟的作法。

好，精彩的來了！前面說過第四題和第六題有都各有一個高手答案，不知你猜對了沒？

如果你能答對這個高手答案，恭喜你，你的談判能力，起碼是兩千中選一。這個高手答案，你可能從來沒有想過，這兩題的高手答案都是選項（1），答應－答應－答應－答應：一路的答應，不管你是連續答應三次或連續答應四次，最終都會讓你的對手最不滿意。

為什麼？這是一個談判高手對人性很深刻的洞察，也頻繁發生在你我的生活之間。

讓我們再玩一次跟大叔借錢的遊戲，快速把你的人生濃縮在這三分鐘

Q 下面你和對手針對四個不同議題的互動模式，哪種模式最終會讓你的對手最不滿意？

A

① 答應－答應－答應－答應

② 拒絕－拒絕－拒絕－拒絕

③ 答應－拒絕－答應－拒絕

④ 拒絕－答應－拒絕－答應

⑤ 拒絕－拒絕－拒絕－答應

之間，你將因此能站在時間軸的制高點，看見人生百態的核心，你將會發現，人性常常只有一態。

這次請你連續跟大叔說四次：「大叔借我一百萬好不好？」然後注意我的回應，給你什麼樣的感覺？

我將在以下章節為大家解答……

來吧！再跟大叔借五次錢

這次請你連續跟大叔說四次：「大叔借我一百萬好不好？」然後注意我的回應，給你什麼樣的感覺？

第一次借錢：

你：「大叔借我一百萬好不好？」

我：「好！」

第二次借錢：

你：「大叔借我一百萬好不好？」

我：「好！」

第三次借錢：

你：「大叔借我一百萬好不好？」

我：「好！」

第四次借錢：

你：「大叔借我一百萬好不好？」

我：「好！」

這四次借錢我都毫不猶豫，第一時間就借給你了。

第五次，你這次的資金缺口有點大，你缺五百萬，而且很急，請問：你第一個會想要借錢的對象是誰？

那還用問！？幾乎所有的我問過的投資人和學生都會講說，「啊！當然就跟大叔借錢了，都已經成功跟你借了四百萬了⋯⋯」。

那容我再問：你覺得這一次你可以跟我借到多少錢？

有的人回答五百萬，有的人回答三百～四百萬，有的人回答二百萬，金額最少的人回答一百萬，就跟前面幾次一樣。好，那如果這次我竟然跟你說啊：「抱歉，我最近手頭有點緊，只能借你二十萬」，請問你會有什麼感覺？

你是不是心裡不自覺地會冒出一股不舒服，甚至不爽的感覺？

我在課堂上的調查，有六成的人會不爽，另有四成的人會很失望但不到不爽的程度。

但如果我再問你，若一個星期之後，你看到我開著一台新超跑，價值一千七百多萬的 Lamborghini 藍寶堅尼經過你面前，這個時候你會有什麼樣的感覺？

請問，你這個時候不爽的感覺是不是大幅飆升？畢竟你這五百萬是急需，我竟然寧願買超跑也不願見錢給你應急。

在我的課堂上問到這裡，有九成九的人都開始覺得超級不爽。可是吊詭的是，大叔明明前前後後已經借你四百二十萬了，為何你還有立場對大叔這麼不爽？

為什麼？為什麼？為什麼？你怎麼這麼忘恩負義，得了便宜還賣乖!?我不相信你能這麼輕鬆地跟外面的人借到四百二十萬，你有甚麼資格生氣，甚至討厭我？

＊　＊　＊　＊　＊

好，我們拉回來，其實，你的憤怒很有道理，有很大一部分是我的錯；我用了前面四次爽快的連續答應借你一百萬，在你心裡養出了一頭「心理預期的怪獸」。若第五次借錢我依照慣例借你一百萬，你可能已經不太高興了；而我竟然還借你遠低於一百萬的錢，你的內心只有強大的失落，失落很快就會轉成憤怒。

理智上你也許知道你仍然應該感謝我，但情緒上，你完全辦不到，因為你的情緒很想憤怒，而最終，你對我也只會剩下憤怒。因當一個人的理智和情緒背道而馳的時候，他的**理智終將臣服於情緒**，沒有例外。就算再理智的人，最終都會長出一個新的理智來合理化自己的情緒，這代表著，你終究會找到一個新的理由來恨已經借給你四百二十萬的大叔。

說個典故，山西商人也就是俗稱的晉商，是一個非常有影響力的群體，在清朝甚至有一群晉商晉身為皇室的御用商人，名滿天下的紅頂商人胡雪岩就是「晉商」的代表人物，另外像台灣首富郭台銘先生的祖籍也是山西。他們為人處事和經商的手腕高明，擅長洞察人性，也非常熟稔答應和拒絕的談判技術。在這群晉商當中有一句流傳甚廣的諺語，叫做「升米恩，斗米仇」。

這是什麼意思？

給你一升米，讓你不會餓死，你會感謝我，視我為恩人；但我如果給你十倍的一斗米，讓你不但不會餓死，還可以過上一段小日子，終有一天你會恨我。背後的人生智慧，其實就是晉商們在做生意的過程中，累積出來的一個「**心理預期控制**」的經驗法則。

當大叔連續幾次答應借給你一百萬，而且很爽快地借了，這會讓你快速地對「我會借你一百萬」變得無感，很快地，你會不自覺地把「我借你一百萬」當作是一件合理的事，又很快地，你會把「我借你一百萬」當成是應該的事，直到最後，你心裡潛意識的預期會被催化成「**你需要多少錢，我就應該借你多少錢**」；當然，你的理智未必能夠察覺到這一系列的轉變，但你的情緒卻扎扎實實地如此淺移默化著。

直到最後一次，你開口五百萬，我卻只能借你二十萬時，我讓你的心理預期產生大幅度的落空，這時候你對我只剩惡感而沒有好感，雖然理智上你知道自己不應該生我的氣，應該要感激我。可是你架不住自己心理預期的巨幅落空而產生的情緒反彈，所以不知怎麼回事，你就是會非常討厭我，甚至會開始恨我。這就是為何前面幾個高手題目裡面講，你和你的談判對手或與客戶的互動模式裡，絕對**不可以一直答應，不可以連續答應下去**，當你的連續答應不斷養大他的心理預期，把他的心理預期養成一頭怪獸的時候，你總有一天會讓他失望的。總有一天他會開口要求一個你無法答應的條件，但他早已認定你終究會答應的；你讓他不知不覺地把他的一切計劃，孤注一擲在你的答應之下。而你最後一次不得已的拒絕，將會讓他無路可走。

很諷刺的是，最終，你用你對他的連續幫助、連續善意，把樑子結下了。由此可知，「**只有答應，沒有拒絕**」，是毀壞一段關係最快的方式；基於它的特性，我又稱其為**爛好人模式**。

爛好人模式——「人善被人欺」的由來……

你為什麼常常遇到欺負你的人？別抱怨，
那是因為你總在不自覺地重複「濫好人模式」！

你人生中可能曾經有這樣的一個人，可能是親人、愛人、好友、你暗戀的對象、你尊敬的前輩、你用心栽培的後輩等，你對他是百分之百的付出，他說甚麼你都立刻會答應，他一通電話你會立刻出現，你甚至有時會為他做出割肉的讓步。在這段關係的初期，你會甘之如飴，有一種為愛奉獻、為重要的人奉獻的喜悅。但三五年過去後，你會慢慢開始有一種奇怪的感覺，漸漸地，對方對你的付出好像習以為常。最終，總是會發生一兩件關鍵的事，讓你意識到，他完全不重視你的存在，他將你的犧牲視為理所當然，甚至常常要求你主動犧牲你的利益或原則，只為遷就他自己的情緒，或是一些對他沒有那麼掏心掏肺的外人。

那時候你年輕，只能帶著滿腔的憤慨與傷痕離開，朋友問起你，你也只是感嘆遇人不淑，只有真心換絕情的命。等到年紀漸長，你對人性的洞察更深刻，才漸漸明白，當年的你，陷入了「爛好人的行為模式」。你和他／她，都沒有敵過人性的陷阱，毀損了一份原本可長可久的關係。

我把「只有答應，沒有拒絕」的互動模式稱為「爛好人模式」，也稱為「忘恩負義模式」，這兩者為一體兩面。當你頻繁的用「爛好人模式」和一個人互動，他有極大的概率成為一個「忘恩負義者」。他未必是個壞人，甚至在別人眼中是個大好人，但當你長期用連續答應來和他來往後，一旦他習以為常，他就會被教育成一個忘恩負義者。同樣的，我們也可能正在扮演著某些人的忘恩負義者而不自知，想想我們最親近的那幾個人，我們是否早已把他們對我們的付出視為理所當然的？

是故，我們必須用「拒絕」來教育周圍的人，我們的人際邊界在哪裡！

人生中，只有一成的人，可以讓你肆無忌憚的對他好，而他會自發的揣摩你的角度，主動為你保留一個人際邊界。通常這樣的人，相處起來會讓你如沐春風，很舒服很自在。遇到這樣的家人朋友，請你務必好好珍惜。

其他九成的多數人，需要你用「拒絕」來教育他們，你舒適的人際邊界在哪裡。你必須使用正確的答應和拒絕技術來回應他，才不會被他一路壓著打，被他侵門踏戶，這樣也才有助於你們維繫長久的情感。

請注意聽喔！當他侵犯你的邊界的時候，他未必是有意的，甚至有時是抱持著善意的。

在我處理的眾多談判案和糾紛事件中，深刻地體會一個在第二章提過的人性道理：**在真實世界裡，會欺負你的通常不是壞人，他們只是在伸張他們的小我正義，只是這些人的小我正義裡面，沒有你……**。所以，絕對不要在一個關係裡「只有答應，沒有拒絕」，你會養出一個又一個忘恩負義的人。更何況，弔詭的是，通常這段關係裡面受害者不只一人，我們以為只有「給」的一方是受害者，其實「拿」的人有時候也很無辜。

他常常覺得你是心甘情願的，你是自己想要那麼做的；他還會自行腦補出你自願這樣做，為你自己帶來的好處。但當狀況不如你意時，你反而回過頭來怪他，他何其無辜？站在他的角度，他自始自終都沒有改變。其實在某種程度上，他也是受害者。

各位看出來了嗎？「只有答應，沒有拒絕」就是一個容易雙輸的人際互動結構，拿掉它，就能改變爛好人的體質。

當然人生裡，總有一些人你對他是全然的不求回報，你可以任著性子對他無限度的好，把他／她寵壞。但一旦回到商場和職場，當我們是代表我們的團隊、我們的公司出去談判時，我們就不能允許自己，讓我們團隊和公司淪為任何一個對手的爛好人。所以請你永遠記住，在面對客戶或談判對手的時候，絕對不能，「只有答應，沒有拒絕」。

以上，就是如何用「答應」和「拒絕」應對難纏對手的組合拳技術；熟練後，你就能預先壓制對手的心理預期，讓他變得好處理。但若你在談判桌上遇到一個不但難纏而且暴躁的對手，常常用憤怒的情緒勒索你，你該怎麼做？

下一章，我就要來教你們，談判高手都是如何將對手的憤怒轉化成為對自己有利的工具？

說服驚嘆號

在真實世界裡，會欺負你的通常不是壞人，他們只是在伸張屬於他們的小我正義，而這些人的小我正義裡面，沒有你……。所以，絕對不要在一個關係裡「只有答應，沒有拒絕」，你會養出一個又一個忘恩負義的人。

Chapter
8

{ 說服力的第七堂課。技術篇 ❹ }

如何讓對手的「憤怒」，對自己有利？

高手都知道，致勝關鍵往往就在
對方第一次到第二次生氣之間……。

客戶在談判中突然暴怒，你該怎麼辦？

如果今天，你和客戶在談新的交易條件，客戶因為你給的條件而暴怒，並大聲罵你，你該怎麼辦？

選項（1），道歉並解釋原因。
選項（2），安撫對方的情緒。
選項（3），收回剛剛丟出的條件。
選項（4），沉默。
選項（5），憤怒地罵回去。

大家不妨仔細看一下上面這五個選項：

選項（1），道歉並解釋原因。你立刻跟你的客戶道歉，然後解釋你丟出的這個交易條件背後的原因是什麼？讓他明白你的原因是有道理的，以此取得他的諒解。

選項（2），安撫對方的情緒。基於專業經理人的素養，你立刻去安撫他的情緒，希望他的情緒不要進一步的失控，如此雙方才能繼續理性的協商。

選項（3），收回剛剛丟出的條件。你剛丟出的條件只是為了試探，但沒想到真的引發對手極度的不滿，這可能意味著你的交易條件不適當；為了能讓對方理性的溝通，所以你就收回剛剛丟出的條件，希望他不要繼續生氣。

選項（4），沉默。對方暴怒了，但你想看看他的下一步是會怎麼做？故選擇先沉默。

選項（5），憤怒地罵回去。你覺得，你怎麼可以罵我呢！？這樣太不尊重人了，若不針對對手的無理反應反擊回去，用力地罵回去，反而會被對手瞧不起，對爾後的談判非常不利。

給你一分鐘的時間思考。

Q 談判中，你的客戶因為你給的交易條件而憤怒，並大聲罵你，你該怎麼辦？

A

① 道歉並解釋原因

② 安撫對方的情緒

③ 收回剛剛丟出的條件

④ 沉默

⑤ 憤怒地罵回去

來，我們公佈標準答案，其實這一題可以輕易地分辨出你是高手還是一般的專業經理人。

標準答案是選項（4），沉默。

甚麼！？

大部分的人看到這個標準答案，都會感到非常訝異，會覺得這怎麼選，都不會選擇沉默，所以這一題是實務中難度比較高的題目，我們先來一一檢視這些選項。

選項（1），道歉並解釋原因。是你的對手或客戶，當他聽到你丟出的交易條件很憤怒，並開始罵你之後，你立刻道歉並且解釋原因，當你這樣做的時候，其實你正在用你的行為語言告訴他三個訊息：

訊息（1），他的生氣是正確的。

訊息（2），你也覺得自己是錯的。

訊息（3），你有愧疚感，故他有機會逼你讓步。

因此當你開始道歉並解釋原因的時候，你會發現，他的下一個下意識行為，就是「**放大憤怒**」。他自己未必能清楚地說出來上面的情緒機轉，但他的情緒直覺就會告訴他：「**我的生氣很合理，我應該要更生氣！**」。你的行為語言放大了他的憤怒，讓他的憤怒升級，你不知道自己正在好心做壞事，和對方聯手，把他心底的憤怒徹底妖魔化。

一開始他在憤怒地罵你的時候，他內心的最底層其實還有一股小小的擔心，畢竟他做了不尊重你、污辱你的舉動；可是當你開始道歉並解釋原因之後，他的這股小小的擔心就被你消除，你甚至讓他覺得：「你也感覺自己是錯的」，他就會更肆無忌憚地罵你、更肆無忌憚地生氣、更肆無忌憚地要求你必須提供更好的條件。你的道歉把自己鎖死在一個被一路壓著打的談判情境裡。

所以，請記住喔！這一題給的情境是「你正在談判」，你只是丟出了某個條件，並不是實質上你真的犯了某個錯誤。如果你是在服務客戶的過程當中犯了錯誤，例如：你沒有做到你原本承諾的事情，或你出包了。客戶罵你，當然你道歉並解釋原因是很合理的做法；但你現在正在談判中，你是你們公司的談判代表，你和客戶正在談判下一階段的交易條件，所以當客戶暴怒的時候，你最不應該選的選項，也可以說是最糟糕的選項，就是選項（1），道歉並解釋的原因。

好，來看選項（2），安撫對方的情緒。

在我的課堂上約有八成的專業經理人，他們會選擇選項（2），安撫對方的情緒，這幾乎已經是刻在許多經理人身體裡面的一個基因，是大家在面對多數衝突情境時的第一直覺反應了。另外，這也是多數現代商學教育裡的慣性思維；許多CRM客戶關係管理的理論都要求你第一時間要控制自己的情緒，並開始安撫客戶的情緒；接著試著展開理性的對話去理解客戶為什麼會憤怒？在對話過程中慢慢梳理出客戶不滿的點在哪裡？再進一步去解決或澄清。

只可惜，這個答案也不對啊，選項（2）比選項（1），道歉並解釋原因，稍微好一點，可是本質上仍然是一樣的錯誤。當你在安撫對方的情緒的時候，你也會不自覺的丟出了錯誤的行為語言，這個行為語言仍然是「我錯了」、「你是對的」、「我給的條件太差了」，雖然比選項（1）的道歉隱晦，但還是會產生類似的不良暗示。對方內心底層那股自己是不是過分了？越界了？的焦慮感就被你消除了，畢竟你還在這，還再安撫他並挽救這筆交易，你還在挽救他的感受。當你讓對方意識到你正在挽救他的感受，那其實你已經輸了，他接下來的下意識行為一定是變本加厲，對你的要求更嚴苛、對你的攻擊力道更猛。接下來的談判過程你仍然會被一路壓著打，所以選項（2），安撫對方的情緒，也是錯的；事實上，許多專業經理人的習慣動作是先選（1）再選（2）或是反過來，先選（2）再選（1），這就會讓人掉入削弱自己說服力的陷阱裡。許多人不知道，談判之所以會那麼難談，有一大部分原因是你自己造成的，你不知道你做的某些表面上合乎邏輯的行為，背後透露出的行為語言會潛意識地撩撥對方不合理的心理預期。故請你從現在起，培養用「行為語言」思考談判的角度。

那選項（3），收回剛剛丟出的條件呢？本質上，若你的對手是談判高手，選項（3）的糟糕程度甚至比選項（1）還差。因你不但直接用行為語言說出了「我錯了」、「你是對的」、「我給的條件太差了」的訊息，甚至在對方還沒有開口要求你修正之前，你就先動作了，這是大忌。因「主動收回條件」這個動作，會把「我錯了」的感覺放大兩倍，對手將產生「你還有很多空間」或「你很好說服」的刻板印象，接下來，你所有的要求都不會被認真對待，你所有的堅持都將失去效果，你會被一路壓著打。

曾有企業的經理人問我：「萬一我意識到自己說的條件真的太狠了，又不希望對手離開，我該怎麼做？」

這個問題，有事前和事後兩種解法，雖然都能解，但最好別在發生之後才解，反而應該在發生之前就解決。這就是為何我們在前面提到：在談判桌上「不要思考」，要專心「給反應」。談判中你丟出了所有條件，都是事先設計好的，若你在談判桌上才思考，你很容易丟出未經思考的條件，產生預期外的結果；若你的每一次讓步，都已在上桌前設計好，對手的暴怒、威脅、離開等過激的舉動，你也就做好了心理準備與應對方式。

上談判桌前，請記得一個原則：**一張談判桌，若你無法主動離開，也無法承受對手的離開，這就是一張你不該上的談判桌**。找出那個「你無法主動離開」，或「你無法讓對手離開」的原因，在上桌前找好備案或做好心理建設，你才能瀟灑、進退自如地施展正確的行為語言。退一萬步講，萬一真的沒預期到對手的暴怒反應，你又處在沒有退路的生死存亡關鍵時刻，你就要做出最正確的選擇，那就是選項（4），沉默。我們待會再解釋，為什麼選項（4）是談判高手的正確答案。

我們先來說一下選項（5），憤怒地罵回去。

這個選項呢，跟選項（1）～選項（3）的缺點剛好相反。選項（1）～選項（3）的缺點是，你都在用行為語言告訴對方，他是對的，你是錯的，你丟出來的條件太差了；而選項（5），憤怒地罵回去，你雖然沒有透露出上述錯誤的行為語言，而且某種程度上，你的行為語言反而透露出正確的訊息：「你的憤怒是錯的，我是對的」。

可是因為你是用憤怒罵回去的這種方式，這種方式想當然爾，有一個很大的副作用：激怒對方，讓局面很難收拾。談判高手在談判中有時也會用到施壓或者是對對方發飆的方式，但我們在施壓或對對方生氣的同時，腦中也正在避免一件事：「**避免對手因暴怒而理智線斷掉。**」

老手會避免踏到那一條讓對手理智線斷掉的紅線，以免他做出損人而不利己的決策。我在後面會教你怎麼對你的對手生氣，同時把他的生氣控制在我們希望的程度內，這是一個很實用也很進階的技術。

簡言之。選項（5）雖然「行為語言」上正確，但容易造成災難，故也不是一個好選擇。

但在這裡，我們要延伸強調一個觀念，許多人有一個被制約的潛意識習慣：避免對方生氣。

在談判中避免對方生氣是一個非常糟糕的習慣，因對手生氣不論是真是假，不論是情緒還是戰術，都不是你的責任，他如果談不下去，離開就行。談判時，千萬不要有避免讓對手生氣的念頭，當你開始避免對方生氣時，不自覺的，你「答應」的節奏就容易快，籌碼也會放得太多，這會讓對手覺得你還有很大的空間；你「拒絕」的節奏就容易慢、容易委婉，讓對手覺得你其實可以被說服。於是你將不斷撩撥對手的心理預期，讓他變得越來越不容易滿足、越來越貪婪、越來越容易憤怒。

你為了避免他生氣，最後反而讓他更生氣，這就是不懂行為語言技術的人，經常掉入的「自我預期實現」陷阱。所以，談判高手既不能有「避免對方生氣」的心理制約，又要有能「避免對方理智線斷掉」的技術手法，看起來矛盾又困難，其實只要學會幾個簡單實用的方法，便可幫助你拿捏好那個「度」，我將在本章的後半段內容中教大家使用。

簡言之，選項（5），選擇憤怒地罵回去，容易大幅提高對方理智線斷掉的可能性，所以也不是一個好選擇。

好的，標準答案是選項（4），沉默。

在談判實戰中，高手的完整動作是「**沉默＋靜靜地看著他＋直到他說下一段話**」。

為什麼標準答案是沉默？原因很簡單，在談判桌上，對手所有的行為語言和情緒，基本上都是一種姿態，可能是「真實的」，可能是「半真實的」，當然也可能是「虛假的」，但都不重要。只要今天你沒有做出任何真正讓對手有權利生氣的事情，例如：違約、違法或踐踏對方尊嚴之類的舉動，對方就沒有權利生氣。即使生氣，你無須為此負責，請不要傻傻地挺身而出，以為可以先扛下來化解敵意，而有利於雙方溝通。就像一句職場老梗：工作來了，你叫不醒裝睡的人。而談判中，你安撫不了想要藉憤怒跟你要更多東西的人。

今天你在談判桌上丟出任何條件，對手就算再不滿意，他都沒有權利對你憤怒還大聲罵你。因為談判本質上就是在溝通條件，是在協商雙方落差極大的心理預期，所以，你不應該道歉，也不需要憤怒，你只要靜靜地看著他。

精準地說，你要「沉默＋靜靜地看著他＋直到他說下一段話」。只要他心中那一份對你有利的焦慮被放大，局面就會逐漸往你這邊傾倒。

接下來我要說的這句話非常重要，是談判高手千錘百鍊才會獲得的深刻洞察，就是：**談判的制勝或制敗的關鍵時間點，就發生在對手的第一次到第二次生氣之間**。

通常對手在第一次生氣之後，他不知道你的反應會是什麼，他內心底層會有一股微微的擔心，他不確定他的暴怒是否會引發你做出他**最擔心的版本**的行為，這一份擔心與焦慮，初期很小，但對你有利。只要這份焦慮放大，局面就會往你傾斜，所以你要去做的下一件事，就是**放大這份焦慮**。但因為，你還不知道對手心中這個最擔心的版本到底長甚麼樣子？你應該怎麼反應才對，故此時你要想辦法讓這個版本自己浮出來，因此，你要留白，你的行為語言要留白。

留白時，你要沉默，並**靜靜地看著他**。

眼神不要閃躲，臉上不要有表情。

當你留白了，超過了他能忍受的時間，他就會開口說話，一旦開口說話，他底層的行為語言就會無法控制地顯露出來。

你留下了空白格，他會忍不住填空。

這樣做的另一個好處就是，你的**沉默＋注視，有助於放大他心中的焦慮**。當他心中的焦慮一升起，他自己就很容易往他最擔心的版本去腦補，越焦慮越腦補，越腦補越焦慮，他內心的堅持就會逐漸被焦慮侵蝕，他的行為語言也就會對你越來越有利。

記得不要閃躲，靜靜地直視他，留白讓他進行下一個行為；只要你留白了，他就會不自覺來填空。你可以藉由他第二次的行為語言中可以看出來他的生氣有幾分是真的？他有多少底氣？他最害怕的你的版本是甚麼？

是害怕你走了？害怕你跟他的競爭對手合作？害怕你在旺季時不賣產品給他？……等等，這些都留待你留白後，他來填空，他腦海中的答案，就會一步步揭曉。

另外，假裝生氣是很多談判代表會採用的方法，尤其是經驗老道的談判高手。

他們有時會嚇你一下，看你的反應如何。但本質上，他們在嚇你的過程中，自己也在拿捏那個「度」。通常老手不會希望真的把你嚇走甚至引發你的憤怒，以至於這一場談判以失敗告終。畢竟，他已經出現在談判桌上了，已經坐在你的對面了，表示他對於這份談判是有期待的，表示他對你是有需求的，在他內心深處，他不會像他表現出來的那麼的不需要這筆交易，或那麼的易怒。如果他真的不需要這筆交易，不需要你這個對手，他就不會浪費時間坐在這裡。所以當他開始生氣並且罵你的時候，你最好的方式就是停下來，「沉默＋靜靜地看著他＋直到他說下一段話」。

如果他的下一句話，仍然是繼續憤怒，你就繼續沉默，繼續直視他的眼睛；當他憤怒的情緒被他一再地宣洩、一再宣洩之後，他的情緒會從高峰開始落下。此時，他心中會有一點侷促、一點惶恐，焦慮會開始放大，接著，你就容易聽到他的真心話。

你要特別留意，他在生氣之後的第一句話的行為語言是說甚麼，通常可以從中得到很多關鍵的資訊。例如他在生氣之後的第一句話若是「解釋」，通常代表他有點心虛了。在這裡，這個「解釋」不限定解釋任何事情，可以是「解釋」他為何那麼憤努，可以是「解釋」某件事的來龍去脈，也可以是「解釋」雙方公司過去的交情等等，只要「解釋」的行為語言越快出現，這便表示他的底氣越虛，或他的真實憤怒越少。換句話說，就是因為他真實的憤怒很少，他的行為語言才能從「感性」的憤怒，快速回到「理性」的解釋。

此時，你的態度就可以更硬，籌碼可以放得更慢；反之，如果他的「解釋」一直不出現，表示他的底氣很足，或憤怒很真實，如此，你就要考慮暫停離開，或換個人、換個方式和對手談判。

換句話說，當一個人的憤怒的情緒用完之後，他內在底層是很有底氣的話，他是不會解釋的，他根本懶得解釋；但如果他的內在底層是虛的話，他就會不自覺的想要合理化他之前生氣和罵你的反應，這是一個下意識的找補動作，這也是一個人最難隱藏自己真實心態的關鍵時間點。所以當他生完氣之後，立馬接著解釋為什麼生氣，代表他其實沒有底，你完全可以忽視他剛剛的憤怒，甚至你可以利用他的憤怒反將一軍。例如：你用一點推力作勢離開，或者是表示這樣的溝通方式，代表我們雙方可能不適合合作等等之類的，此時的推力就會產生很大的作用。

當然你也不用推得太極端，輕輕推一下就好了，因為最終你還是要讓他生完氣後，有個臺階可下。

接下來我會教你們怎麼讓對方生氣，又讓對方最後有臺階下的技巧。

當你同時能夠掌握讓對方生氣的技術，以及讓對方有臺階下的技巧，你就很容易讓對方停在你想要他停的位置上。所以這一題的標準答案就是（4），沉默。

老手的完整動作是「沉默＋靜靜地看著他＋直到他說下一段話」。

最後補充一個小提醒，這時候的沉默請你要面無表情喔，不要微笑，也不要憤怒，因為你這個時候的表情，很容易產生挑釁感，會讓對手有一種你看不起對方的錯覺，所以請你務必面無表情地看著他，直到他講下一句話……。

如何在談判中管理對手的「憤怒」？

請先搞清楚，你是在「談判」，還是在做「客服」？

好，我們接下來就要展開談判中，如何管理對手的憤怒的技術，很多人喔，對手一憤怒自己就先嚇一跳，然後就不自覺地一直道歉，一直安撫，最後只好一直讓步。前面有講過，**千萬不要這樣做！**其實談判中對手憤怒是一個非常好的反攻點，你要掌握對手憤怒的這個Timing。實務中許多談判高手擅長憤怒和反制憤怒的技巧，例如：美國前總統川普，因此你不要讓自己輕易地被對手的憤怒驚嚇到。在談判桌上，你只要沒有做出任何出格的行為侮辱對方，對方的憤怒你都不要放在心上，因為那只是一種談判工具而已。反之，你要站在一個旁觀者的立場，管理對方的憤怒。

你是在準備談判，而非做客服

要怎麼做呢？

首先你要先決定，**在客戶心中**，你的**主要角色**是「談判」和「客服」哪一個？你要以其中一個為主，然後外包另外一個角色給你的上司、下屬或team members，形成一個角色分工，例如：你選擇要扮演「客服」的角色，平時一些跟談判無關的事情就由你**以自己的名義**來和客戶溝通；一旦輪到談判工作出現，像是談年度合約的時候，你要請你的上司或同事出馬露個臉，你以他們的名義和客戶談判，你要讓客戶覺得你只是單純的擔任一個資訊傳遞者的角色，沒有權限做出非常規的決定。若你是A，在客戶心中，他是和另一個人B談判，只有B有最終決定權，但你心知肚明，是由你這個A決定如何和客戶談判。

如此，你可以自在地以B的名義，冷狠準地壓制客戶的心理預期，而不容易讓客戶產生過多的負面情緒。但倘若是由你這個平時扮演「客服」的A直接跟客戶談判，客戶對你已有一個「你容易配合」「你容易說服」……等一個好的「客服」角色的心理預期，某天你突然硬起來跟他要求條件，他會更容易不滿，更難接受你的要求、你的拒絕。你等於把自己放在一個低位，仰攻一個談判的山頭，不但加倍的辛苦，還會讓談判越談越糟，比你談之前還糟；更糟的是，你之前在「客服」這個角色上努力很久建立起來的信任感，一下就被你自己摧毀了。所以若你要主演「客服」這個角色，請你塑造另一個B來扮演「談判」這個角色。

當然，因「談判」這個角色通常更吃重，你也可以主演這個角色，讓其他人，例如：你的下屬或你的同事，來扮演「客服」的角色。平時「客服」的時候，你是以你同事或你下屬的名義來進行，到關鍵的「談判」時間點，你再跳出來用自己的身分說話。

回到前面第一段我考你的那個實務題來說明你會更清楚，當客戶暴怒時，做客服的第一個標準動作一定是安撫對方的情緒，但如果你是一個談判代表，你這樣做是在挖坑給自己跳，你就準備被壓著打吧！

所以請記住，不論你用任何方法，「談判」和「客服」兩個角色，在客戶心中一定是要分開的，最好，能有兩個不同的人來扮演這兩種角色。

對手因談判條件而憤怒，不是你的錯

第二，你要知道對手因為談判條件而憤怒不是你的錯。前面有提到，談判桌上本來就是一個溝通談判條件、溝通雙方心理預期落差的一個情境，所以當你丟出一個談判條件，對方很不滿意，甚至憤怒，都不是你的錯，你只是代表你們公司丟出你們公司或你們團隊認為合理的條件而已，所以不要對被對方的憤怒給牽制。若你讓對方的憤怒所牽制，甚至恐懼，你的行為語言都會露出怯意，對方會聞到你心虛害怕的味道，接著，他身上的壓力或企圖心等因素，就會不自覺地讓他想進一步攻擊你，再從你這裡挖更多。

所以上桌前，請幫自己做好心理建設：「就算談判失敗也無所謂」、「就算失去這個客戶也無所謂」、「就算失去這個工作也無所謂」，你就會變成一座山，對方的暴怒、威脅、離開等激烈的手段，都無法影響你，因為你早就做好了「失去」的準備。

與此同時，你還會散發出一種「本該如此」的沉穩氣質，彷彿你說的話、丟的條件，都是存在於這個世間「本該如此」的遊戲規則，對手會隱隱地被你的這個氣質所影響，情緒上傾向同意你的看法。

一切的起點，都源於你整理好了自己，你做好了「失去」的準備。你要知道，對手的憤怒不是你的錯。

你也可以憤怒……

第三點你要知道，你也可以憤怒。對呀！你也可以憤怒，你絕對不要被禮貌制約。身為談判代表，客戶可以憤怒，為什麼你不行？若你只是因被「禮貌」制約而不允許自己有憤怒的空間，你只要遇到稍微不講理的客戶，就會被一路壓著打，你所代表的團隊，還容易被人輕視。

當然，很多商業教育之所以要我們壓抑自己的憤怒，是因為擔心發生更糟的狀況，例如：失去客戶、傷害商譽等，故兩害相權取其輕，眾學者們都在隱諱地要我們壓抑自己的憤怒。也因此，職業經理人常常被制約，而無法充分發揮談判價值。

當對手或客戶給了你不禮貌或不尊重的反應後，你壓抑憤怒，繼續好言好氣協商的行為，反而容易被對手解讀成「你很需要他」、「你沒有他不行」，他的心理預期反而進一步被你的隱忍撩高，他會認為他可以從你這拿到更多，所以他的攻擊力將會進一步上升；甚至，他還會表現出更不禮貌、更不尊重你方的過激舉動。看到了嗎？你的隱忍本來是為了得到好的談判結果，但你卻因自己的隱忍而挖了一個更大的坑，讓自己更艱難地作戰，最終事與願違。

反之，若你學會使用你的憤怒來做為談判的工具，你將會成為一位實力堅強的談判者。未來，我會再教大家一些正確使用憤怒的小技巧。

向對手丟出「壞消息」的好處？

這裡所謂的「壞消息」，是指對你非常有利，但對方很難接受的條件。

不論你是要丟一個「壞消息」給對方，或是準備對對方發飆，都可能讓對方憤怒。而如何把對方的憤怒控制在「你」想要的程度，常常是左右談判勝負的關鍵。

這裡要先說明一下丟「壞消息」的重要性。

丟「壞消息」是談判中削弱對手心理預期的重要工具，若你有能力讓對手承受更壞的消息而沒離開談判桌，你的 Bargaining Power 就會更強。

而談判中當**你丟出的「壞消息」**和**對方的心理預期**差距越大的時候，本來就容易讓對方生氣，這種預期的落差就會讓對方瞬間從「失望」轉成「憤怒」，罵人拍桌潑水皆有可能，畢竟你的條件跟他想像的差太多。但這個「失望」很重要，他要先「失望」了，才有機會向你靠近；**談判本質上其實是一個「管理失望」的過程**，老手會藉由丟出「壞消息」，讓對手經歷一次又一次經過設計的「失望」，而把對手的心理預期從天上，拉到地下，最後成交。

例如說，一個東西他要賣二千萬，你只願意出五百萬來，他一聽到五百萬這個價格一定會生氣嘛，這是很合理的，但難道因為他生氣，你就不丟五百萬這個價格嗎？當然不可能了，你丟出一個五百萬的目的就是為了砍掉他二千萬的心理預期，能砍多少不知道，但一定有砍的作用。

所以當你和對手的心理預期落差很大的時候，他會生氣是很正常的狀態。前面說過，你不要去避免他生氣，因你一旦避免他生氣，他的價格就動不了。當他察覺到你想要避免他生氣的行為語言，就等同於，你用一個無形的聲音正在告訴他，你也認為自己丟的條件很過分，所以他就不會有讓步的衝動，他會等著你加。

由此可知，心理預期差異大時，你一定得丟出「壞消息」後，讓對手生氣。只是你要去思考，怎麼既讓他生氣，又讓他不會腦充血？

下面的第五點和第六點是兩個談判高手會用的基本動作，各位可以立刻學起來。

選擇「大時間段」宣佈壞消息，有效降低暴怒的副作用

壞消息人人都聽過，但何時說？怎麼說？學問大得很……。基本上我會建議大家不妨選擇**大時間段**來佈達！例如：

（1），哪個時間段對方公司／經理人最需要我們？

（2），哪個時間段對方公司／經理人最易妥協？

我以前面舉過的例子來說明，對手要賣兩千萬的產品給你，你只出價五百萬，對他而言就是個壞消息，可是把這個壞消息丟給他對你有利，你要讓五百萬這個數字在他心裡一直發酵。他一開始很不能接受，後來看久了也就沒那麼刺眼，他就逐漸能夠跟五百萬這個數字和平共處，你也就有機會，把他的心理預期大幅拉下來。

至於「壞消息」的佈達有三個經驗法則，僅供各位參考：

法則（1），一個「壞消息」在對手心中待的越久，就越不刺眼。

法則（2），「壞消息」在對手

Q 「壞消息」要何時說給對方聽，以降低暴怒副作用？

A **選擇大時間段**

哪個時間段對方公司／經理人最需要我們？

哪個時間段對方公司／經理人最易妥協？

心中的刺眼程度，和他下一次讓步的幅度成正比。

法則（3），一個「壞消息」在對手心中待的越久，他下一次讓步的幅度就越大。

所以接下來，關鍵就很清楚，你只要控制對手在聽到「壞消息」的第一個瞬間，不要憤而離去，你就贏了一半了。在丟「壞消息」給對手的第一瞬間，對他的衝擊力最大，他的憤怒值最大，故如何讓這個生氣的憤怒值不會讓他的理智線斷掉，採取例如告你、或用玉石俱焚的態度回應你等等，不利於你的行動，就會變成最重要的事。

不讓對方理智線斷掉的技術之一就是：選擇一個對的時間丟出「壞消息」，讓對手的憤怒值較低。對的時間選擇有兩個層次，先選大的時間段，再選小的時間點。

我們先教你如何選擇一個大的時間段？

選擇對的大時間段，你要去思考對方在什麼時間段最需要你？最容易妥協？

對手的公司，可能在某個時間段，最需要我方公司的某項產品或服務。例如對手的公司現在急需要採購我們公司的原物料，因為他已經答應了下游大客戶一個大訂單，如果沒有在兩個禮拜之內跟你敲定這筆生意，他就會來不及生產，也就會失去這個大客戶。像這個時間段，因為他特別需要你，所以你丟出任何壞消息，他也會比較容易隱忍下來。當然，他還是可能會生氣，但卻不會輕易地離開談判桌，更不會輕易的翻臉，畢竟一旦翻臉，他之後可就沒有其他選擇了。

又例如，對手是間知名的上市公司，最近剛有重大的負面公關事件，目前正在修補商譽，他們就會很小心，盡量避免紛爭再上新聞版面。此時，若我方和對方談判的情

壞消息的經驗法則

1. 「壞消息」在對手心中待得越久，就越不刺眼。
2. 對手看到「壞消息」第一時間的感覺越刺眼，下一次讓步的幅度越大
3. 「壞消息」在對手心中待得越久，他下一次讓步的幅度越大。

境和已發生的公關事件類似，或這場談判容易被塑造成小蝦米對抗大鯨魚的故事，我們就擁有一個隱形的優勢。在這敏感時刻，對方的談判代表，比較容易壓抑自己的憤怒，以免我方成為壓倒駱駝的最後一根稻草，這也就是一個丟出「壞消息」給他的好時機。

有時候，未必是對方公司很需要我們，可能是和我方主談的談判代表需要我們。也許這位經理人正在升遷的關鍵時刻，他需要這筆交易背後的象徵意義來推他一把；也許這位經理人需要透過完成這筆交易來證明甚麼，以讓董事會給予他更多的權力；也或許是這位經理人只剩最後一個機會來證明自己的價值，否則恐會被淘汰等等，……上述這些關鍵資訊，都仰賴你在談判前的調查，以及在談判中途不斷誘使對方說話，藉此拼湊而來。所以當你丟出「壞消息」時，他往往也會更容易隱忍與接受。

通常我在跟對手公司談判時，會先去進行幾件調查，藉此幫我決定和對方談判的最佳時間段。

（1）對手公司最近的一、兩年的司法判決。

（2）公平交易委員會處分書資料庫。

（3）新聞事件。

（4）對手律師團對研究。

台灣的讀者可以直接連到上面的網址去查詢，其他地區的華人讀者，則請各自上你們所在地區相似性質的司法網站，會有很大的收穫。

請記得，除了談判對手的公司要查詢之外，你的談判對手個人資料也要查詢，如此能幫你快速地建立一個檢視對手優、劣勢的全局觀，而且常常會有驚喜，幫助你判

談判前的對手調查

1. 對手公司最近的一兩年的司法判決
https://law.judicial.gov.tw
2. 公平交易委員會處分書資料庫
https://www.ftc.gov.tw/internet/main/decision/decisionlist.asp
3. 新聞事件
4. 對手律師團對研究
https://www.pingluweb.com.tw

斷甚麼時候是好的談判時間段。

有人會問：「為什麼要調查這些？我們又沒有要和對方打官司，幹嘛調查對方的司法判決，甚至是律師團隊背景與打官司的勝率？」

基本上，談判實務中有個不成文的經驗法則：「**當你為日後的戰爭做出越多的準備，那就越不容易發生戰爭；當你完全不為戰爭預做準備，戰事往往容易突然降臨。**」我們當然不希望和交易對手發生官司糾紛，因我們的初衷在於成交、在於達成共識。因為即使官司贏了，最後失去客戶，我們也將得不償失。但當你做好了戰爭的準備，你就有了最深層的底氣，而對手在和你互動的過程中，也會感受到你這股準備充分的底氣，他自己就會壓抑自己和你翻臉甚至宣戰的衝動。

反之，如果你虛虛的，深怕發生戰爭，對方也會聞到你底虛的味道，反而容易拿開戰或離開來威脅你，對你予取予求，最後反而容易擦槍走火發生戰爭。

緊接著，我將針對上述這四件調查事項，跟各位溝通一下需要注意的重點。你也可以依據這四件調查事項來考核熟識的律師或法務人員，藉以判定他們是否用心。

對手公司最近一、兩年的司法判決

你只要 KEY 你對手的名字和對手公司的名字就一目了然。你就知道他曾經被告過什麼？或告過人家什麼？最後是否勝訴？判決的原因是什麼？都會看的很清楚。

特別注意！有些知名公司或上市公司，當你去看他的司法判決，即使他一直在勝訴，可是同一類型的案件非常多，就有可能引發新聞報導，轉而衍伸成公關事件，甚至營業危機。

因若對手總是層出不窮地被人家控告同樣一件事，這其中肯定會累積民怨。而當你又無法迴避，必須跟他談同樣類型的案件時，你就要選在對方正處在輿論都積極關注他的關鍵時刻下手，例如：政府單位正在審核他的某項資格，或他正身處一件大型併購案等，這時你就會很有利，因對手在這個時間點，往往更容易妥協。

因對方通常在此時不願為了小事打官司，寧願在打官司之前便協議好，選擇先用小錢解決掉這些事。而非等到此事演變成打官司甚至是公關危機之後，再去耗費更多資源來滅火……。更遑論，有時輿論還會讓對手根本無法滅火。

相比之下，對你讓步這個動作所需耗費的成本，根本就是九牛一毛。

公平交易委員會處分書資料庫

再來我還要列出公平交易委員會處分書資料庫，這也是針對一些大公司的必要調查，很多時候對手的官司未必那麼多，可是他也許有違反公平交易法的記錄，公平會在臺灣還是讓很多公司敬畏的一個單位，畢竟，公平會發佈的一些判決是很容易上新聞媒體的，而且有時候很能被媒體塑造成一種小蝦米對大鯨魚的態勢，所以公評會的處分書你也要研究。

當然，因為是行政判決，所以不會出現在我前面提過的司法判決資料庫裡。

新聞事件

例如對方開股東會前夕、宣佈年度計畫前夕、負面新聞後、行業重要獎項評分期等，建議不妨先去Google一下對手最近有沒有公關事件，一些新聞事件，如果他最近正準備要開股東會，或者他正要宣佈一個關鍵性的年度計畫，或者他剛發生了一些負面新聞等，這個時間段也是挺可以把握來丟出「壞消息」；在這個這些時間段他通常都會有大大小小的弱點或焦慮點，所以你選在這個時間點跟對方溝通條件是有利的。

研究對方的律師團

再來，你還要去研究對方的律師團隊，你要去看是哪家事務所、哪個律師團隊組成的？成員有哪些？他們最常打哪一類型的官司，勝率多少？這些上這個連結你都可以查得出來。如果他們很擅長打，你現在想要跟對方談判類型的官司的話，當然就代表我方的攻擊力就要收斂一點；但如果發現，這個律師團隊好像不常打這一類型的官司，那有兩種可能，第一種可能就是他們是真的不擅長，這種官司類型不是他們的主攻項。

第二種是他們太擅長，所以他們非常懂得擬出一個讓對手不想打官司的合約，此時你就必須要去仔細甄別。當你跟這個對手簽約的時候，你就必須要要求更長的審閱期，和你們公司的法務或律師好好研究；更好的選擇是，爭取由我方擬約。

實務界的老手都知道：好的律師可以讓你打贏官司，但頂級的律師會讓你的對手根本不想打官司，所以由我方擬約更安全。

簡言之，當你做了上面四個事件的調查後，你就能粗略的推估出對你最有利的時間段。

選擇「小時間點」宣佈壞消息，避免對方理智線斷裂

承本章節一開始的介紹，除了選擇「大時間段」來宣佈壞消息，基本上我還會補充另一個選擇讓大家參考，那就是「小時間點」例如：不要晚上／不要週一上午

／不要下班前／不要連假前後……

第一個你要注意避開的時間點，就是**晚上**。晚上是一個人的理智線最容易斷掉的時候。人通常在晚上最疲憊了，理智本來就耗盡了，在公司加班了一天，好不容易回家只想休息，結果回到家不小心跟老婆吵架了，孩子又在旁邊哭，這時你一個壞消息丟過去，他的理智線就斷掉了。他很可能會說出讓你們兩個都後悔的話，即使後來他向你道歉，他也很難回到你希望他在交易中落點的位置。此後他對這筆交易會有一股後設的排斥感，因為他自己下不了臺階；於此同時，你又不能過度軟化來挽留他，否則你也會失去談判的心理位階；故通常這筆交易最後將無疾而終，你還會失去往後和他繼續合作的機會。

所以請記住，你絕對不要在晚上丟壞消息，絕對不要！不管是哪一天晚上，就算那一天他再開心都不行，你只能等白天再丟「壞消息」。

再來，不要週一上午丟，道理很簡單，週一上午大家都很忙，容易暴怒。另外，也盡量不要在下班前丟，對方可能急著下班接小孩；年假前後的一天也不要丟「壞消息」。考量這麼多的原因是因為，隱隱地協助對方管理他的憤怒對我方有利，所以高手會選擇在一個他會憤怒，但會自己壓抑這個憤怒的時間點丟出「壞消息」。

通常最好丟「壞消息」的時間點就在星期二、三、四的早上十點後（開完晨會），到下午三點之間，這個時間他比較容易消化「壞消息」和你的憤怒。

上面的時間點選擇，一樣適用於當你要對**對手發飆**、**施壓**的情況，如此，他將在理智線邊緣遊走一圈後，最後往你靠近。

壞消息「怎麼說」，對方才能心平氣和？

其實談判中，對手憤怒是一個非常好的反攻關鍵點，你務必要掌握對手憤怒的這個timing，伺機反攻。

接著要教你們一個看似很渺小，可是常常小兵立大功的技術，就是「壞消息」要用「何種句型」說給對方聽，以降低暴怒副作用？

談判時，我們要很小心的一件事情，就是不管我們對對方如何施壓，我們都不能去刺傷對方的自尊心。當你一刺傷對方的自尊心，對方就容易腦充血，理智線斷掉，做出損人不利己，甚至玉石俱焚的行為。他會覺得老子就是咽不下這口氣，我就算拖著你一起死，這筆生意也不給你。所以，你要注意哦，你在放壞消息給對方，或是對對方強力施壓的時候，你必須使用正確的方式來降低它理智線斷掉的可能性。除了一些常識性的概念，比如說不要對對方人身攻擊、不要言語中傷對方的家人、不批評信仰與性別之外，下面會教你三個「句型」技術，讓你可以痛快地丟壞消息、痛快地罵對方，又可避免讓對方理智線斷掉。

句型（1）壞人不是我。

句型（2）受害者不是你。

句型（3）同喜同悲同方向。

上述這三種句型其實非常好用，第一種句型叫「**壞人不是我**」，簡單來說，你丟出來句子中的主詞不是你，不是你要懲罰他，或不是你做出要對他不利的決定，你只是一個資訊傳遞者，無法決定是否要和他對立的大局。例如你的客戶做了某件對你們公司不利的事情，你很憤怒，你決定用「打官司」這個動作來嚇嚇他，希望他能收斂。

原句型：「你太過分了，我要告你！」

而「壞人不是我的」句型則是：「我們公司覺得你太過分了，所以要提告。」因為壞人從我，變成我們公司，這句話聽在對手的耳中，衝擊力會自然的比較弱。和原句型相比，他也較不容易對你個人產生敵意。

第二種句型叫「**受害者不是你**」，簡單來說，你說出來的句子中，受詞不是對方個人，代表我方要施壓、要懲罰的不是他這個人，他也只是一個資訊接收者，彷彿不會承受這個壞消息的傷害。

原句型：「你太過分了，我要告你！」

而「受害者不是你」的句型則是：「你們公司太過分了，我要提告。」

因為被告的對象，從你變成你們公司，你的對手聽起來，比較不容易有個人的威脅感，也比較不容易被誤傷自尊。當然，最好，你把「壞人不是我」句型，和「受害者不是你」句型，一起使用，效果會更好。

原句型：「你太過分了，我要告你！」

至於「壞人不是我＋受害者不是你」的複合句型則是：「你們公司太過分了，我們公司決定提告。」

如此，就算你語氣再激烈、再不禮貌，都不容易刺傷對手的自尊，讓他產生過激的想法和舉動。容我舉一個幾年前客戶的例子，我請她跟一個她要討回大筆費用的對手這樣講：

「我的律師一直勸我要告你，可是我很猶豫，因為我真的把你當好姐妹，我本來覺得我們會是一輩子的好朋友，但是你的經理這一次做的事情太過分了，你也沒有任何懲處或表示，我對你的反應很失望。我給你三天的時間考慮，要不要上法院，由你決定……」。

你會發現這句話的結構很精采，攻守有度，它使用不具威脅性的方式送出威脅。首先，在「壞人不是我」和「受害者不是你」的句型中，裡面的壞人是律師，被責怪的人是對手的下屬經理。

在這個案例裡，收取費用和不願意返還費用的跑腿人是經理，但我方其實心知肚明這些都是老闆，也就是我們談判對手做的決定。可是我方戰術性地裝傻，只要有罵人或威脅人的話，都是針對對手的經理來罵，以此降低對手這位個性執拗的女強人，因暴怒而魚死網破的機率。

我在實務上，常常看到以下的憾事。原本對我方有利的局面，因我方不經大腦的威脅語言一出，激怒了對方，對方又回了更過分的話，雙方你來我往，互相踐踏對方的尊嚴，最終撕破臉，甚麼都沒有得到；上了法院，即使你贏了，法院的判決也無法給你你想要的交易和獲利，這樣其實沒有任何意義。你的最理想結局是要贏且要成交，還要拿到你要的長期利益。

是故，談判老手通常不玩「宣戰」，玩的是**「宣戰邊緣」**。因前者會讓你直接樹敵，還常常拿不到你要的；後者會讓你拿到你要的，還不容易樹敵。

而從前面案例中，我客戶那句不像威脅的威脅，你也會發現玩「宣戰邊緣」的精神在其中。這個案例，最終也很順利的，沒有經過熬人的官司，讓對手客客氣氣地低頭，全額返還我客戶的鉅額費用；從糾紛開始到拿到錢，只花了三個月，所花的時間和成本遠遠低於打官司，這就是管理對手憤怒的力量。

另外，記得把「壞人不是我」＋「受害者不是你」請把句型裡的「壞人」和「主要談判者」分開，例如：

原句型：「你太過分了，我要告你！」

而「壞人不是我＋受害者不是你」的句型是：「你們副總太過分了，我老闆決定提告。」

此時要注意，句型裡的「壞人」，絕對不可以是主要談判者，原因如下。談判老手在一場談判裡，常喜歡用「黑臉白臉」的技術來增加我方的談判力量，而主要談判者通常為「白臉」，這是因為「黑臉」必須強硬、堅持，才能賦予對手讓步的動力，但強硬堅持的「黑臉」不適合下場斡旋，他不能彎腰放下身段，不然就拉不動對手了，因此主談者必須是「白臉」。「白臉」在對手面前，只是一個資訊傳遞者，所有的讓步決策都要推給「黑臉」，並用彈性的身段來跟對手反覆要價，採取不容易刺傷對方尊嚴的方式傳遞這一些壞消息來打擊對手的心理預期，如此，在一拉一扯之間，才能創造出對手最多的讓步。

對照我們「壞人不是我」+「受害者不是你」的句型，「壞人」就是「黑臉」，所以身為主談者的你，就只能當「白臉」，不可以跳下來當這個「壞人」，不然你的行為語言會一直打架，兩種角色都變演不好，最後「白臉」「黑臉」都當不成，變成灰頭土臉。

很多人的壞習慣就是一下子很硬很生氣，等到情緒過了，一下子又想去跟對方用比較溫和的方式溝通，這樣只是在不斷削弱自己的談判力，你在對手心中的心理位階也會不斷下降，所以如果你決定要扮演主要的談判者的話，你一定要請你的老闆或是另一個人，在你背後當那個「黑臉」、那個「壞人」。而「壞人」的態度要夠硬，條件要夠高，才能把對手的心理預期往你這邊拉過來。

最後第三種句型叫做**「同喜、同悲、同方向」**，這是什麼意思？簡單說就是你要讓他覺得你是**「自己人」**！你在丟壞消息時的表達，要讓對方覺得你跟他是站在同一條船上的，你跟他會因為同樣的事情開心，同樣的事情憤怒，同樣的事情煩惱。當你用這樣的句型久了，他會產生一種「你是自己人」的感覺，所以我又稱此句型為「自己人句型」。如此，你在對他放出壞消息的同時，他暴怒的可能性就會降低，因你用「自己人」語境，把一件原本有攻擊性或威脅性的消息，變得中性。這個句型，還會同時傳達出一種有「同理心」的溫暖感覺，也能稍稍安撫對手聽到「壞消息」的刺痛感。例如：你們公司要求要對陳董這個客戶，調漲這批貨的價格。

原句型：「陳董抱歉，我們公司因……原因，要上調你們這批貨的採購價。」

至於「自己人」句型則是：「陳董抱歉，總公司因為……，所以要上調我們這批貨的採購價，我正在跟總公司協調，但情況不樂觀，我很擔心……」

各位可以發現，在「自己人句型」中，首先調整的是「稱謂」，從「你們」變成『我們』，把你和對手放在同一陣線。接著你表達了「正在跟總公司協調」，言下之意，你也認為漲價不合理，這和你的對手陳董的觀感相合，但同時，你最好給出一個公司漲價也對你個人不利的說法，不然會略顯矯情。你可以這說：「我擔心漲價會影響和陳董您的合作，反而讓未來合作機會變小……」。

接著，你丟出「情況不樂觀」這樣的字眼，是為了壓制陳董的心理預期，以為後面的漲價做準備；若沒有預先做壓制，你前一句「正在跟總公司協調」的說法，反而會撩撥陳董的心理預期，讓漲價變得更難被接受。最後，你說了「我很

Q 「壞消息」要用「何種句型」說給對方聽，以降低暴怒副作用？

A
① 壞人不是我
② 受害者不是你
③ 同喜同悲同方向

擔心」，這個情緒表達，也跟陳董同方向，故即使他不全信，仍會不自覺得有一點「你是自己人」的感覺。最起碼，他聽聞漲價的憤怒感會大幅下降。

當你在選擇施壓、丟出「壞消息」給對手，或是因戰術考量而要激起對手的憤怒時，上述幾種句型都是很好用的技術。它可讓你不用壓抑原本該有的憤怒，擔憂因此被對手看輕，又能大幅降低因對手理智線斷掉而「魚死網破」的風險，可謂一舉數得，請務必好好練習！

說服驚嘆號

佈達壞消息的最佳金句：

（1），壞人不是我；（2），受害者不是你；（3），同喜、同悲、同方向（自己人句型）。

觀成長46

焦慮，請慢用

作　　者—陳侯勳
主　　編—林憶純
視覺設計－徐思文
企劃行銷－蔡雨庭

第五編輯部總監—梁芳春
董 事 長—趙政岷
出 版 者—時報文化出版企業股份有限公司
108019 台北市和平西路三段 240 號 7 樓
發行專線—（02）2306-6842
讀者服務專線— 0800-231-705、（02）2304-7103
讀者服務傳真—（02）2304-6858
郵撥— 19344724 時報文化出版公司
信箱— 10899 臺北華江橋郵局第 99 信箱
時報悅讀網— www.readingtimes.com.tw
電子郵箱— yoho@readingtimes.com.tw
法律顧問—理律法律事務所 陳長文律師、李念祖律師
印刷—勁達印刷有限公司
初版一刷— 2022 年 10 月 28 日
初版四刷— 2022 年 12 月 7 日
定價—新台幣 380 元
（缺頁或破損的書，請寄回更換）

時報文化出版公司成立於 1975 年，並於 1999 年股票上櫃公開發行，於 2008 年脫離中時集團非屬旺中，以「尊重智慧與創意的文化事業」為信念。

焦慮，請慢用 / 陳侯勳作 . -- 初版 . —
臺北市 : 時報文化出版企業股份有限公司 , 2022.10
256 面 ; 14.8*21 公分
ISBN 978-957-13-9942-3 (平裝)
1.CST: 談判 2.CST: 談判策略

177.4　　　　111000194

ISBN 978-957-13-9942-3
Printed in Taiwan